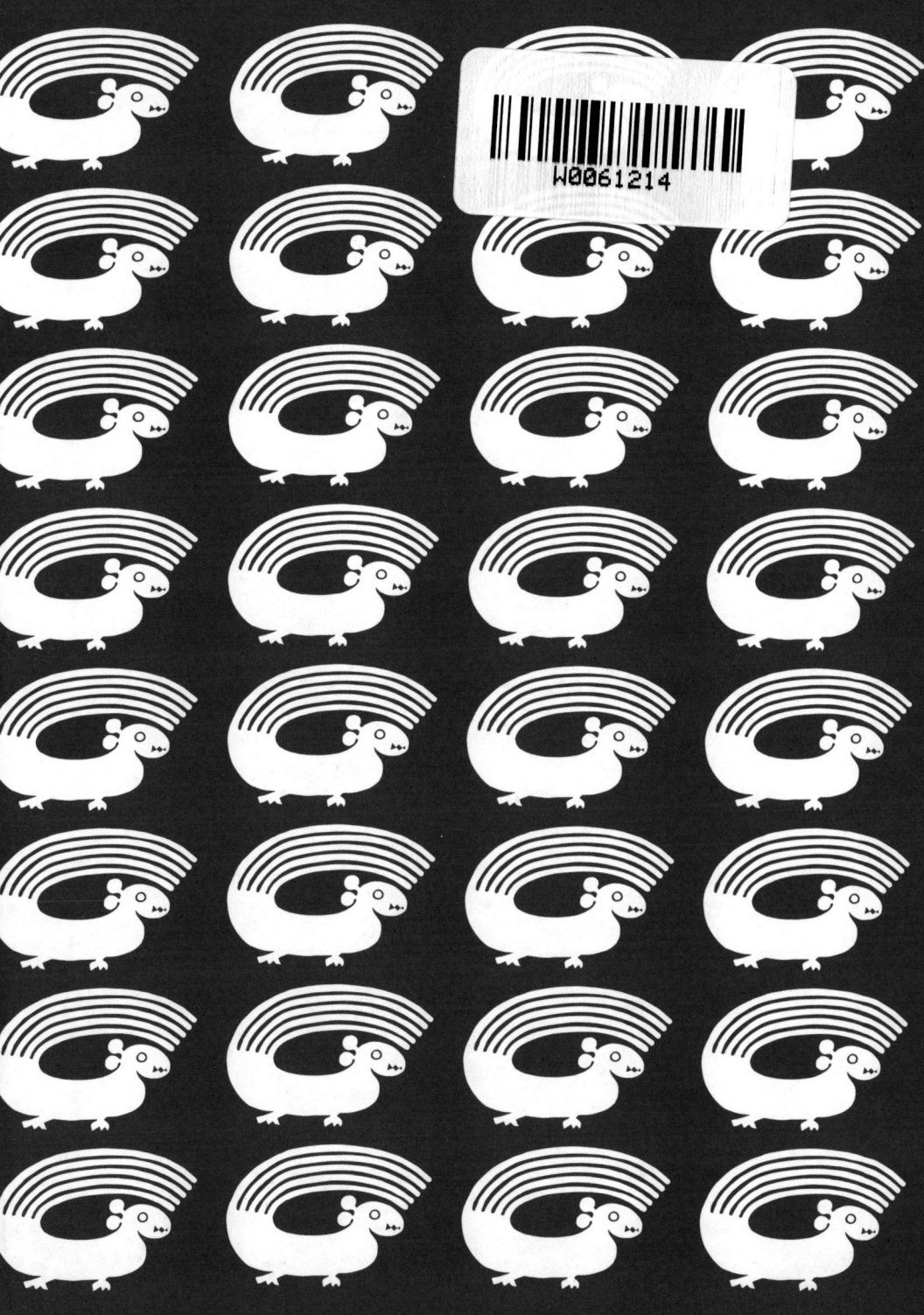

Eva Ulmer-Janes

Magie im Management
Mit schamanischen Techniken
zu neuen Lösungen

Ibera Verlag

Mit dieser Spirale wird jeweils der Beginn einer Übung angezeigt.

Die Deutsche Bibliothek - CIP-Einheitsaufnahme
Ulmer-Janes, Eva:
Magie im Management / Eva Ulmer-Janes. - Wien :
IberaVerlag, 2000
ISBN 3-85052-029-3

© 2000 by Ibera Verlag / European University Press, Wien
Lektorat: Genia Gazda
Coverfoto Rückseite: Ingrid Malina
Herstellung: Obersteirische Druckerei, Leoben

ISBN 3-85052-029-3

www.ibera.at

Inhaltsverzeichnis

Dieses Buch ...

'A 'OHE LOKOMAKIKA'I INELE I KA PĀ NA'I
Keine freundliche Tat bleibt unerwidert.

... ist kein Management-Buch, wie es schon zahllose gibt. Sie finden darin keineswegs die immer ausgefeilteren Techniken, wie Sie sich Konkurrenten gegenüber durchsetzen und vermeintliche Gegner besiegen können. Es geht hier niemals um Kampf, weder offen noch verdeckt.

Es geht um ein uraltes, aber brandaktuelles Weltbild, ein neues Denkmodell, das Sie unmittelbar und direkt in allen Lebenssituationen – eben auch im Big Business – umsetzen können, es geht um HUNA, das Geheimwissen der hawaiianischen Schamanen.

Das Spannende daran ist, daß dieses System völlig logisch aufgebaut ist, wenn auch auf ein paar in ihrer Konsequenz ungewöhnlichen Prämissen, den HUNA-Prinzipien. Es ist auch für Europäer leicht nachvollziehbar. Das einzige, was Sie brauchen, um es unmittelbar anzuwenden, sind Ihr Kopf, Ihr Verstand und Ihre Vorstellungskraft.

Ich bin auf die Idee gekommen, dieses Buch zu schreiben, weil ich mit magisch-schamanischen Techniken sowohl große Unternehmen betreue als auch einzelne Manager coache und dabei festgestellt habe, daß

HUNA bewirkt, daß sich diese Personen wieder wohl, selbstbewußt und sicher fühlen, daß sie erfolgreicher denn je sind und daß in ihren Firmen neue Wege gefunden und mit Unterstützung der Belegschaft beschritten werden, was regelmäßig auch zum geschäftlichen Erfolg führt.

Mit HUNA können Sie Verhandlungen günstig beeinflussen, Blockaden und Intrigen aller Art auflösen, Hindernisse in förderliche Umstände verwandeln, die richtigen Mitarbeiter finden oder die passende Position in einem Betrieb erlangen. Sie können offene und heimlich schwelende Konflikte „heilen", den konstruktiven Umgang mit Kritik pflegen, sich selbst und Ihre Kollegen zu Höchstleistungen motivieren und die Kommunikation auf bisher vielleicht nicht bewußt genutzten Bewußtseinsebenen ausbauen und verbessern. Und es wird für Sie weder anstrengend noch quälend, ganz im Gegenteil: Sie werden gleichzeitig zur Ruhe kommen, in Harmonie leben und sich körperlich und seelisch wohlfühlen.

Wenn Sie also in diesem Buch, vor allem in der ersten Hälfte, nur selten dezidiert berufliche Situationen angesprochen finden, bedeutet das nur, daß HUNA nicht aufs Management allein lustvoll und nutzbringend anwendbar ist. Schließlich sind Manager, weibliche ebenso wie männliche, keine Business-Maschinen, sondern Menschen mit sozialen Bindungen und Privatleben, mit körperlichen und seelischen Bedürfnissen, mit unterschiedlichen Begabungen, Fähigkeiten, Erfahrungen, Wünschen und Sehnsüchten. Und diese Aspekte fließen selbstverständlich in ihr berufliches Wirken ein und beeinflussen ihre Arbeit mehr, als manchen bewußt ist. Wie oft erschweren Faktoren, die nicht faßbar oder ansprechbar sind, Ihren beruflichen Alltag?! Die Tatsache, daß Ihr

Gegenüber gerade häusliche Querelen oder privaten Kummer erlebt, daß er oder sie problematische Befunde vom Arzt bekommen hat oder einfach nur unter Verdauungsstörungen leidet, kann manche Besprechung unerfreulich und wenig konstruktiv verlaufen und manche Entscheidung zum falschen Moment oder in der falschen Weise fallen lassen. Das kennen Sie bestimmt.

Mir geht es – wie im schamanischen Verständnis üblich – um den ganzen Menschen, darum, daß es Ihnen rundherum gutgeht, daß Sie an alle Ihre Ressourcen herankommen, Ihre Träume verwirklichen und den Platz im Universum finden, der wirklich der Ihre ist. Und darüber hinaus möchte ich Ihnen ein grundsätzliches Verständnis für Magie, für den bewußten Umgang mit der nichtmateriellen Welt vermitteln und Ihnen ganz simple Techniken anbieten, die Sie nicht einmal erlernen müssen, die Sie vielmehr sofort und unmittelbar einsetzen können.

Das Wissen der hawaiianischen Schamanen wird dazu beitragen, daß Sie sich an Leib und Seele wohlfühlen und Ihr großes Potential gezielt einsetzen können. Lassen Sie sich überraschen!

Prolog

E WEHE I KA UMAUMA I Ā KEA.
Öffne Dein Herz, damit es weit wird.

Wie der Zufall es wollte, bekam ich den Katalog eines erfolgreichen Managementtrainers in die Hand, in dem Hunderte von Büchern angeführt sind, deren Autoren versichern, dem p.t. Leser zu mehr Selbstbewußtsein, zu mehr Kompetenz in Sachen Kommunikation und Mitarbeiterführung, zu mehr Erfolg auf allen Linien verhelfen zu können. Bei mir lösen allein schon die Titel der Publikationen Streß aus: „Ich will nach oben", „Sag ja zum Erfolg!", „Das Gewinnerprinzip", „Weck den Sieger in Dir!", „Der Turbo-Manager" oder „Guerilla Marketing". Und was der Kampfansagen mehr sind.

Das Erstaunliche dabei ist, daß so viele Menschen, Referenten wie Publikum, davon ausgehen, es bedürfe ganz neuer, revolutionärer Strategien, um sich in dieser Welt von High-Tech, Globalisierung, Telekommunikation oder multinationalen Konzernen behaupten zu können. Glauben Sie, daß sich die Menschen im Lauf der Jahrhunderte wirklich so sehr verändert haben? Daß sich das, was sie heute bewegt, grundlegend von dem unterscheidet, was schon in einem prähistorischen Alpenbewohner, einem Kaufmann im Römischen Reich, einem europäischen Entdecker in der frühen Neuzeit vorgegangen ist?

Was ist es denn, was uns heute wichtig ist, wovon hängt es ab, ob wir uns zufrieden oder unglücklich, stolz oder geknickt, anerkannt oder mißachtet fühlen?

Es geht heute wie zu allen Zeiten darum, ein sicheres Refugium, einen komfortablen Schlafplatz und genug zu essen zu haben, in eine Gruppe integriert und respektiert zu sein, zu lieben und geliebt zu werden, gesund zu sein und Freude am Leben zu empfinden. Darüber hinaus gibt es auch noch ein paar Faktoren, die das Leben mehr oder weniger lustvoll gestalten: Abenteuer, Feste und Spiele, lauter Dinge, die für das primäre Überleben nicht zwingend erforderlich sind, aber erheblich zur Lebenslust beitragen können.

Und dazu gehört – nicht zu vergessen – auch eine Idee, eine Vision, ein Ziel, das anzustreben es sich lohnt, eine Perspektive, die dem Dasein Sinn gibt und einen vor Frustration bewahrt, wenn es einmal eine weniger angenehme Phase durchzustehen gilt.

Alles nicht neu, sondern zutiefst in der menschlichen Natur verankert. Es haben sich nur die äußeren Ziele, die Namen der „bösen", bedrohlichen Mächte, die Definitionen von Lebensstandard und Wohlbefinden und vor allem das Tempo und die Dimensionen all dessen verändert.

Daraus läßt sich – vorausgesetzt, man folgt dieser Hypothese – ableiten, daß es sich lohnen könnte, sich die Methoden und Techniken unserer Vorväter oder derjenigen Zeitgenossen, die heute noch in diesen „primitiven" Stammeskulturen leben, genauer anzusehen. Schließlich waren Menschen vor Jahrtausenden ganz ohne alle Segnungen unserer Zivilisa-

tion durchaus schon imstande, für ihre Verpflegung und die ihrer Nachkommen zu sorgen, sich gegen die Unbill der Witterung zu schützen, in stabilen Gemeinschaften zu leben und Krankheiten zu heilen. Die Archäologie fördert immer wieder erstaunliche Belege dafür zutage. Als kleines Beispiel seien die Schädelknochen von Menschen erwähnt, die offensichtlich Operationen am offenen Gehirn viele Jahre überlebt haben. Auch die Behauptung, daß in den frühen Zeiten unserer Kultur kaum jemand älter als 30 Jahre geworden wäre, kann man durchaus anzweifeln, schließlich beziehen wir unsere Kenntnisse aus unvollständigen Fundstücken und Beobachtungen, die der eine oder andere kluge Kopf gemäß seinem Weltbild interpretiert.

Um Letzteres zu illustrieren, möchte ich eine kleine Geschichte erzählen, die ich von Mala Spotted Eagle, dem Sohn von Rolling Thunder, Medizinmann der Sioux, gehört habe. Jemand hatte sich zuvor nach der Rolle der Frauen in seiner Stammestradition erkundigt. Mala lachte und beschrieb die Situation, die weiße Siedler und Missionare in seinem Stamm vorgefunden hatten: Sie hatten einen Kreis von Männern, die heftig und wortreich über ein Thema diskutierten, und außen herum einen Kreis von schweigenden Frauen beobachtet und daraus geschlossen, daß hier wie in ihrem eigenen Kulturkreis das „natürliche" Rollenverständnis gelebt werde: Die Männer haben das Sagen, und die Frauen schweigen dazu.

Wahr ist vielmehr, daß es bei den Sioux bis heute üblich ist, daß Männer über ein Problem so lange reden, bis sie zu einem Lösungsvorschlag gefunden haben, den sie dann der Clan-Mutter als höchster Autorität unterbreiten. Diese wiederum gibt durch eine Handbewegung zu verstehen, ob sie den Vorschlag akzeptiert oder nicht. Findet die Idee nicht ihre

Zustimmung, geht die Diskussion der Männer in die nächste Runde: palaver, palaver, palaver …

Damit will ich sagen, daß Wirklichkeit keine objektive und für alle gleiche Größe darstellt, daß die Wahrnehmung dessen, was wir für Realität halten, nicht davon zu trennen ist, welches Denkmodell wir vertreten, was wir für wichtig oder unwichtig halten, welche Filter und Programme in unserem Bewußtsein kraft unserer persönlichen Sozialisation und Geschichte wirksam sind.

Und eben diese unsere Weltsicht läßt uns Ereignisse, Eindrücke, die von außen auf uns zukommen, bewerten. Das heißt, wenn uns die Welt, so wie wir sie erleben, gefällt, ist alles bestens. Fällt unser Urteil aber negativ aus, handelt es sich anscheinend um unangenehme, gefährliche, schmerzliche Erfahrungen, sind wir in Konflikt mit dem, was wir nicht schätzen und anerkennen. Das war zu allen Zeiten so, das Spannende in unserem Jahrhundert ist aber, daß sich die Kluft zwischen Wissenschaft und Weisheit, zwischen Erkenntnis und Spiritualität, die unser Leben seit der Zeit der Aufklärung teils vereinfacht und teils kompliziert hat, wieder zu schließen begonnen hat. Auf vielen Wissensgebieten bestätigen neue Forschungsergebnisse, was Schamanen schon vor Jahrtausenden gelehrt haben: Die Quantenphysiker haben erkannt, daß alles im Universum miteinander vernetzt ist, daß der Beobachter Teil eines Experiments ist und durch seine Vorstellungen und Erwartungen das Ergebnis beeinflußt, daß Zeit und Raum keine objektiv faßbaren Größen sind, daß sich die Folge von Ursache und Wirkung in besonderen Fällen sogar umkehren kann, das heißt, daß die Wirkung schon vor der Ursache gegeben sein kann (der sogenannte Tunneleffekt), daß es so etwas wie ein „Teilchen-

Bewußtsein" geben muß, daß also Materie nicht tot ist und daß sich im subatomaren Bereich nichts mehr eindeutig festlegen läßt, sondern daß man nur noch mit Wahrscheinlichkeiten operieren kann.

Laut Chaostheorie läßt sich in komplexen Systemen zwar mehr oder minder gut voraussagen, wie sich ein vielfach vernetztes Ganzes entwickeln wird, daraus lassen sich jedoch keinerlei Auskünfte über die Reaktion jedes einzelnen Teiles ableiten. Das gilt für das Wachstum von Bäumen, die Veränderung von Gebirgen und virtuellen Gebilden wie Fraktalen ebenso wie für den Ausgang einer Nationalratswahl. Immer können wir mit einer gewissen Sicherheit auf das Gesamtergebnis schließen, welche Zelle, welches Molekül, welche Person sich aber im Einzelfall wie verhalten wird, das entzieht sich der Prognose.

Tatsächlich spielen in allen komplexen Situationen so viele unvorhersehbare Faktoren eine Rolle, daß es unmöglich ist, exakte Schlußfolgerungen zu ziehen. Wobei ich unseren logischen Verstand durchaus für ein großartiges Werkzeug halte, allerdings bin ich mir aber auch seiner Grenzen bewußt. **Mit Logik kann man alle Fakten, Informationen und Erfahrungen einbeziehen, die im Moment zur Verfügung stehen, und daraus Schlüsse ziehen. Wenn uns aber nicht 100 Prozent Information zugänglich sind, besteht auch das Risiko, daß wir auf diesem Weg zu falschen Ergebnissen kommen. Und da Menschen und Menschengruppen niemals in allen Facetten und Aspekten auszuloten, „zu wägen und zu messen" sind, müssen wir akzeptieren, daß es immer Bereiche geben wird, die sich der klassisch-naturwissenschaftlichen Erfassung entziehen. Das gilt für Einzelpersonen und die Zusammenhänge zwischen Körper, Seele und Geist ebenso**

wie für eine Familie, ein Team von Mitarbeitern, eine Firma oder noch größere Konglomerate.

Die Genetiker haben herausgefunden, daß in jeder unserer 100 Billionen Zellen das komplette genetische Programm vorhanden ist, und zwar laut Matt Ritley, dem britischen Soziobiologen, gespeichert in circa 60-80.000 Einzelinformationen, wovon aber gleichzeitig nur maximal 10.000 aktiviert sind. Und diese 10.000 aktivierten Gene definieren das, was uns als unser geistiges und körperliches Potential vertraut ist. Der Rest schlummert im Talon. Das Bemerkenswerte ist aber, daß ein- und dieselbe Person in verschiedenen Phasen ihres Lebens jeweils andere 10.000 Informationen aktivieren und einsetzen kann. Die Wissenschaft geht heute davon aus, daß wir keineswegs von der Zeugung an zwingend in der einen oder anderen Weise programmiert sind, daß wir weder zunehmen müssen, weil alle in unserer Verwandtschaft zum Fülligen neigen, noch daß wir eine Krankheit wie Krebs mit höherer Wahrscheinlichkeit als andere bekommen werden, weil schon der Großvater und der Onkel und so weiter und so fort … Wir können uns nicht darauf ausreden, daß wir zu keinerlei ungewöhnlichen kreativen Leistungen befähigt sind, weil bisher niemand in der Familie Derartiges vollbracht hat, aber wir können uns auch nicht darauf verlassen, daß wir schon allein deshalb genial sind, weil unter unseren Altvorderen einige besonders begabt waren. Das in uns angelegte Programm ist das eine, und was wir daraus machen, welchen Teil wir nutzen, ist das andere. Wir haben offensichtlich die Wahl aus einer großen Fülle von Möglichkeiten. Nur wie diese Auswahl vonstatten geht, entzieht sich nach wie vor der Erkenntnis der Forscher. – Schon wieder so ein komplexes System, dessen unterschiedliche Zustände sich zwar feststellen lassen, dessen Funktionsweise aber allerhand Rätsel aufgibt.

15

Auch das Gehirn muß man als vernetztes System betrachten, als ein Organ, das fähig ist, die ankommenden Impulse zu filtern und zuzuordnen. Aber nach welchen Kriterien? Tatsächlich sind wir nur imstande, einen winzigen Bruchteil der Informationen, die uns von den äußeren Sinnesorganen geliefert werden, bewußt zu verarbeiten. Angeblich nur ein Dreißig- bis Vierzigtausendstel! Unvorstellbar viel fällt durch den Rost, wird uns nicht bewußt. Daraus erklärt sich auch, warum fünf Augenzeugen eines Unfalls fünf verschiedene Geschichten erzählen. Fünf aufmerksame Menschen in unterschiedlicher Lebenssituation, mit unterschiedlichen Erfahrungen, Ängsten, Vorlieben, Denkmustern und Glaubenssätzen filtern die Eindrücke von einem äußeren Geschehen gemäß diesen ihren persönlichen Präferenzen. Das geschieht ganz ohne bewußte Absicht einer Automatik folgend, die mit dem Weltbild der betreffenden Personen zu tun hat. Und ein Richter entscheidet dann aufgrund des kleinsten gemeinsamen Nenners der protokollierten Beobachtungen oder auch noch entsprechend seiner ganz persönlichen, oft unbewußten, mentalen Struktur oder Tagesverfassung.

Kurzum, was wir landläufig für Wirklichkeit halten, für quantifizierbar, objektiv und über jeden Zweifel erhaben, ist alles andere als das. Unser Realitätsbegriff hat etwas mit Vereinbarungen, mit Mehrheitsverhältnissen, mit bestimmten Interessen, mit der Meinung von Opinionleadern und anderen Autoritäten zu tun.

Die meisten Menschen können das, was sie als wahr und richtig akzeptieren, kaum jemals überprüfen. Wer kann schon nachrechnen, ob es mit der Relativitätstheorie etwas auf sich hat oder nicht? Wer kann überprüfen, ob die Millionen von Aids-Kranken weltweit wirklich Aids haben oder etwas anderes, womit sich aber nicht so große Summen an Forschungsgeldern lukrieren ließen? Wie könnte man wohl herausfinden, ob die täglich kolportierten Nachrichten brauchbare Information oder absichtliche Desinformation darstellen? Wer weiß schon, wohin seine Steuergelder fließen? Wer kann herausfinden, welche Interessen von Politikern tatsächlich verfolgt werden? Wer weiß schon wirklich etwas über den Zusammenhang von Industriegesellschaft und Klimaveränderung? Gibt es den überhaupt? Wer weiß, was seine Mitarbeiter oder Familienangehörigen heimlich denken, wovor sie sich fürchten, was sie sich wünschen? All das entzieht sich unserer unmittelbaren, sinnlichen Wahrnehmung, ist nur sehr begrenzt nachvollziehbar und verständlich, ist aber doch von großer Bedeutung für uns. Direkt und indirekt.

Wenn es uns also darum geht, Lösungen zu finden, die uns bisher nicht zugänglich waren, ist es wünschenswert und nützlich, Kanäle zu öffnen und Informationsquellen zu erschließen, die dem Verstandesbewußtsein nicht zugänglich sind, und unser Sensorium auszubilden, das für intuitive Wahrnehmung und Inspiration zuständig ist.

Und in dieser Disziplin waren Schamanen, die Heiler und Mittler zwischen den Welten, immer schon meisterlich. Sie benützen die Fähigkeiten der rechten, intuitiv-kreativen Gehirnhälfte gezielt und bewußt dazu, das Leben auf allen Ebenen, den materiellen wie den immateriellen, zu gestalten. Daß sie manchmal in Armut leben und das Leben der ihnen anvertrauten Menschen nicht mehr in dem Umfang beeinflussen können, wie sie das früher getan haben, hat natürlich auch damit zu tun, daß sich manche mit den politischen und wirtschaftlichen Gegebenheiten in ihrer Heimat schwertun, daß ihnen oft die Basis ihrer Arbeit, das intakte, natürliche Umfeld, entzogen wurde, daß sie unter der Geringschätzung westlich orientierter Nachbarn leiden, die ihr tradiertes Wissen verachten und schamanische Techniken für primitiven Hokuspokus halten. Das ging bis vor wenigen Jahren so weit, daß Schamanen für die Ausübung ihres Berufes in vielen Ländern bestraft und getötet wurden.

Andererseits gibt es aber gerade von seiten der Menschen aus Industrienationen heute großes Interesse für das Alte Wissen. Pharmakonzerne bemühen sich darum, in allen neueren Formen der Psychotherapie werden schamanische Techniken eingesetzt, ob sie nun Gestalttherapie, Katathymes Bilderleben, Familienaufstellung oder NLP (Neurolinguistisches Programmieren) heißen, und in Amerika gilt es keineswegs mehr als exotisch, Führungskräfte von indianischen Weisen ausbilden zu lassen. Auch bei uns nimmt die Wertschätzung zu. Schamanische Denkmodelle und Konzepte fließen in viele Bereiche ein. Es ist bestimmt kein Zufall, daß sich auch mehr und mehr Ärzte dafür begeistern und sie als Bereicherung und wertvolle Hilfe empfinden.

Und in den Ländern, in denen sich Reste schamanischer Traditionen bis heute erhalten haben, findet eine wahre Renaissance dieser alten Kulturen statt. Das gilt für die heute wieder selbständigen Gebiete der früheren Sowjetunion ebenso wie für HAWAI'I, Südafrika oder Korea. Die Rückbesinnung auf dieses Wissen hat auch mit einem neuen Selbstbewußtsein der Völker zu tun, die so lange von Machtstrukturen westlicher Prägung und Werte dominiert waren und deren Identität fast ausgelöscht worden ist.

In meinen Seminaren wie im privaten Kontakt begegnen mir auch hier in Mitteleuropa immer mehr Menschen, denen das schamani-

sche Denken nicht nur zu mehr Harmonie im privaten Leben, zu Entspannung, zu einem besseren Zugang zu ihren persönlichen Ressourcen und Fähigkeiten, sondern auch zu phantasievollen, ungewöhnlichen Erfolgen im Beruf verholfen hat und verhilft. Die aufblühen, heil (= ganz) an Leib und Seele werden, sich in ihrer Haut wohl fühlen, respektvoll mit Mitarbeitern und Partnern umgehen und so ganz nebenbei auch noch ihre Firma sanieren. Sie machen die Erfahrung, daß das Leben für „Stadtschamanen" wunderbare Abenteuer bereit hält.

Daß Sie, liebe Leserinnen und Leser, ebenso daran Geschmack finden mögen, wünsche ich mir und Ihnen von Herzen.

ALOHA NUI!
Viel Liebe!

Stadtschamanen – bei uns?

´A ´OHE PAU KA ´IKE I KA HALAU HO´OKĀHI.
Wissen wird nicht nur an einer Schule gelehrt.

Der Begriff „Shaman" stammt ursprünglich von einem sibirischen Volksstamm, den Tungusen, und bedeutet „einer, der weiß". Damit wurden und werden Männer und Frauen bezeichnet, die als Mittler zwischen den Welten, der der Menschen und der der Geister, als Weise und Heiler innerhalb einer Stammesgemeinschaft fungieren. Ethnologen haben unter der Bezeichnung „Schamane" inzwischen alle Personen subsumiert, die auch in anderen sogenannten primitiven Kulturen diese Rolle erfüllen.

Schamanen sind die Berater der Häuptlinge, die Psychologen und Ärzte, aber auch die Zeremonienmeister bei Festen und Ritualen. Sie verfügen über jahrtausendelang tradiertes Wissen betreffend den bewußten Umgang mit Pflanzen, Tieren und Menschen, mit Energien und Geistwesen, mit den Elementen in allen Ausprägungen, mit den Steinen ebenso wie mit der Erde, mit Feuer in jeder Form, auch als Vulkan, mit Wasser als Regen wie als Fluß oder Meer und mit dem Wind, auch wenn er als Tornado wütet. Das heißt, sie verstehen nicht nur in der Natur zu lesen, sie können auch Einfluß nehmen. Noch heute sind zum Beispiel die Regenmacher eines Maya-Stammes, der Pocomames, so anerkannt, daß die guatemalte-

20

kische Regierung sie damit beauftragt hat, Waldbrände zu bekämpfen. Und von den hawaiianischen Schamanen, den KAHUNAS, weiß man, daß sie durchaus imstande sind, einen Wirbelsturm so umzulenken, daß die Inseln und ihre Bewohner verschont bleiben. Schamanen verfügen also noch immer über machtvolle Techniken, über Kenntnisse, die auch uns in unserem hochtechnisierten Umfeld, in unseren komplexen gesellschaftlichen Strukturen zugute kommen können.

In Lateinamerika wird zwischen dem Weißmagier und Heiler, dem „curandero", und dem Zauberer und Schwarzmagier, dem „brujo", unterschieden. Wobei der erste weitgehend die gleichen Methoden wie der zweite anwendet, aber mit konträrer Ausrichtung und Absicht. Der Curandero benützt sie, um zu heilen, um Konflikte zu lösen, um Menschen miteinander und ihrer Umwelt auszusöhnen, der Brujo, um Liebes- oder Schadenszauber durchzuführen, in meist destruktiver Weise Macht auszuüben. Grundsätzlich werden Weißmagier für potenter als Schwarzmagier gehalten, weil sie mit der Liebe, der stärksten Kraft im Universum, arbeiten. Serge Kahili King, ein KAHUNA, der auch sieben Jahre lang in der schamanischen Tradition Westafrikas ausgebildet worden ist, hat einmal gesagt: „Es gibt keine alten Schwarzmagier. Wenn ein Schwarzmagier alt aussieht, dann sieht er nur alt aus."

Der Grund dafür besteht darin, daß allein das Erstellen destruktiver Gedankenformen sich bereits schwächend und schädigend auf einen selbst auswirkt, was sich mit neueren alternativmedizinischen Tests wie dem Muskeltest der Kinesiologen leicht nachweisen läßt. Schlecht über sich oder andere zu denken oder gar darüber nachzusinnen, wie man jemandem bewußt übel mitspielen könne, erzeugt ein Energiefeld, gegen das sich das Unbewußte jedes Menschen wehrt, – auch das desjenigen, der solche Pläne ausheckt. Handelt es sich dabei um einen häufig stattfindenden oder lang andauernden Prozeß, manifestiert sich diese Schwächung auch in massiven körperlichen und seelischen Problemen. Oder kennen Sie einen gewohnheitsmäßig feindseligen, übelwollenden Menschen, dem es an Leib und Seele, in seinem privaten und beruflichen Umfeld wirklich gutgeht? Ist es nicht vielmehr so, daß erfolgreiche, charismatische Menschen sich grundsätzlich mehr damit beschäftigen, sich konstruktive Lösungen einfallen zu lassen, neue Wege zu gehen, und sich nicht auf das wiederholte Bejammern der Umstände, mit denen sie hadern, beschränken? Auch das gehört zum bewußten Umgang mit Energie.

Und genau darum geht es, um den bewußten, verantwortlichen, respektvollen Umgang mit Energien in und um uns, um die liebevolle Zusammenarbeit mit allen Wesen, seien sie materieller oder immaterieller Natur. Liebe und Respekt sind die Zauberworte, das „Sesam-öffne-dich" zu einem bisher nicht zugänglichen, wohltuenden, universell vernetzten, unermeßlichen Potential, das in jedem von uns schlummert und das sich bisher nur zaghaft erahnen ließ.

Schamanische Techniken haben inzwischen, wie gesagt, erfolgreich in alle neueren Formen der Psychotherapie Eingang gefunden und werden mittlerweile auch mehr und mehr im Managementtraining eingesetzt. Firmen wie General Motors, AT&T, Unisys, Bank of Boston und McKinsey&Co lassen ihre Führungskräfte in schamanischen Seminaren ausbilden.

Im Folgenden werde ich in diesem Buch den Begriff Schamane für „Hüter des Alten Wissens um die Gesetze des Universums" verwen-

den, für Heiler – in einem umfassenden Sinn – von zwischenmenschlichen Strukturen ebenso wie von Zusammenhängen in unserer alltäglichen Wirklichkeit. Stadtschamanen, zu denen auch ich mich zähle,
arbeiten mit diesem Wissen um die Natur der Dinge durchaus auch im
Umfeld einer europäischen Großstadt, privat wie beruflich, und
bemühen sich, es auch weiterzugeben. Sie sind dabei keineswegs an
die tradierten Zeremonien der Mayas, an besondere keltische Kraft-
plätze oder Mondphasen gebunden. Stadtschamanen entscheiden kraft
ihrer Kompetenz über den richtigen Zeitpunkt und „ermächtigen"
auch ein konventionell eingerichtetes Besprechungszimmer dazu, der
geeignete Ort für ein Ritual zu sein, wenn sie es für richtig halten. Sie
wissen, daß es in allen Kulturen Entsprechungen für bestimmte Ener-
gieformen gibt, daß auch kostbare Ritualgegenstände nur Symbole
dafür darstellen, und machen sich niemals von äußeren Umständen
abhängig. (Siehe das Kapitel „Rituale" in meinem Buch „Die Magie
kehrt zurück")

**Es geht ihnen vielmehr darum, sich eine besondere Sicht der Dinge
in dieser und auch anderen Welten und eine besondere Haltung und
Einstellung dazu anzueignen, und das ist immer und überall möglich. Ob wir unsere Position nun bewußt wahrnehmen oder ignorieren, wir sind und bleiben machtvolle Wesen und üben diese Macht
mit allem, was wir tun und sagen, denken und fühlen, aus. Wir sind
zu jeder Zeit in diesem vernetzten Universum wirksam, jeder unserer Gedanken verändert den Kosmos, zu allererst und am meisten
aber uns selbst, unsere Befindlichkeit und unser Erleben. Wir tragen Verantwortung für dieses Potential, das ich als Anteil an der
göttlichen Schöpferkraft bezeichnen möchte. So oder so.**

Gleichzeitig sollten wir niemals aus den Augen verlieren, daß wir nur winzige Rädchen in der großen Weltmaschine sind, daß auch wir von allen Strömungen im Kosmos abhängig und beeinflußbar sind. Zwischen diesen beiden Polen, unserer Macht und Stärke und unserer einem größeren Ganzen untergeordneten Position, ergibt sich ein Spannungsfeld, in dem es sich zurechtzufinden gilt.

Wir haben die Aufgabe, uns in Demut zu üben, die aus der Erkenntnis der eigenen Bedeutungslosigkeit im Makrokosmos resultiert, und uns gleichzeitig unserer ungeheuren Fähigkeit, in jedem Augenblick das Universum mitzuerschaffen und mitzugestalten, bewußt zu sein und damit verantwortungsvoll umzugehen. Letzteres entspricht im übrigen auch der Sichtweise der Teilchenphysik. Daß der Beobachter, seine Gedanken und seine Erwartungen Teil jedes Experiments sind und den Ausgang entscheidend mitbestimmen, heißt im Klartext, wir erschaffen uns buchstäblich in jedem Moment unsere eigene Wirklichkeit. Davon später mehr.

Die Kunst der Schamanen besteht vor allem darin, sich in mehreren Welten gleichzeitig bewegen zu können, die Balance zwischen den unterschiedlichen Bewußtseinsebenen zu halten, sich situationsadäquat in ihnen zu bewegen und Bescheid zu wissen, was wo möglich, angemessen oder notwendig ist. Auch unser deutsches Wort „Hexe" meint genau dasselbe, das althochdeutsche Wort „hagzissa" oder „hagazussa", die Zaunreiterin, beschreibt eine Person, die mit einem Bein in dieser Welt und mit dem anderen in der „Anderwelt" ist, die sich genau auf der Grenze dazwischen befindet und bewegt.

Und wozu das alles? Was kann es einem westlichen Großstadtbewohner nützen, sich das Weltbild und – in modifizierter Form – auch die magischen Techniken eines Schamanen anzueignen?

So unbequem es sein mag, sich erst einmal der oben genannten Prämisse zu stellen, daß jeder sich seine eigene Wirklichkeit erschafft – nicht nur beruflicher Erfolg, auch der Mißerfolg ist „homemade", nicht nur meine stählerne Fitneß, auch jede Krankheit ist das Resultat des eigenen Denkens und Handelns, jedes Dilemma mit unfairen Konkurrenten und illoyalen Kollegen, alle Konflikte mit privaten Gefährten und unbotmäßigen Sprößlingen sind ebenfalls Bestandteile und damit Erzeugnisse eines bestimmten Weltbildes –, so faszinierend ist doch die Vorstellung, daß alles, was Ihre Kreation, Ihre Schöpfung ist, auch durch Sie bewußt verändert werden kann.

Solange Sie eine Krebsgeschwulst als bösartige Attacke seitens eines blindwütigen Schicksals betrachten, stehen Sie dem Problem recht hilflos und ohnmächtig gegenüber. Wenn Sie dagegen die Erkrankung als Mitteilung Ihres Unbewußten auffassen, daß etwas in Ihrem Leben tiefgreifend verändert werden muß, weil es so einfach nicht weitergehen kann, haben Sie schon alle Chancen, gesund zu werden.

Hadern Sie mit den Börsenkursen, der Arbeitsmarktsituation, der nationalen Gesetzgebung und der Globalisierung, benützen Sie Ihre mentale Energie, um sich destruktive, quälende, ängstigende Vorstellungen zu machen, Sie binden sie daran. Dadurch steht sie Ihnen nicht mehr zur Verfügung, um konstruktiv eingesetzt zu werden und (manchmal ungewöhnliche) Lösungen zu finden. Selbstverständlich zieht jeder auch die

Mitarbeiter an, die zu seiner Denkweise passen, die seine Gedankenmuster erfüllen. Mißtrauische Chefs haben generell eher Leute unter sich, die dieses Mißtrauen verdienen.

An allem, was uns im Leben begegnet, sind wir – zumindest mehr oder minder – beteiligt, es hat auf irgendeine Weise mit uns zu tun. Und nur dieser eigene Anteil ist wirklich interessant, der ist unser kreatives Potential. Was auch immer wir damit machen, wie auch immer wir es bewußt oder unbewußt einsetzen, derart gestalten sich auch unsere Umgebung, unsere beruflichen und privaten Erfahrungen. Wenn Sie der Meinung sind, daß es keine rentablen Märkte, keine vertrauenswürdigen Geschäftspartner, keine wohlmeinenden und zuverlässigen Politiker gibt, wird Ihre selektive Wahrnehmung Sie die besten Chancen übersehen lassen. Wenn Sie alle Ihre Berufskollegen für feindselig und Ihre Angestellten für tendenziell unfähig und faul halten, wird das weder dem Betriebsklima gut tun, noch sich förderlich auf Ihr Weiterkommen auswirken. Psychologen nennen dieses Phänomen „self-fulfilling prophecy".

Der Magier nennt es den schwarzmagischen Umgang mit sich selbst und setzt alles daran, diese Haltung bewußt und damit veränderbar zu machen. Er verfügt über Methoden, um unbewußten Ursachen von Störungen, unbegreiflichen Irritationen und Hindernissen nachzuspüren und Gegenbilder zu erschaffen, ja sogar auch, um seine Vorstellungen in der Materie umzusetzen.

Oft werde ich gefragt, ob wir, die wir unter ganz anderen inneren und äußeren Voraussetzungen aufgewachsen sind als ein indianischer Medizinmann oder ein sibirischer Schamane, überhaupt die Voraussetzungen für diesen Alten Weg mitbringen. Ob wir nicht vielmehr seit Jahrhunderten völlig abgetrennt sind von den spirituellen Wurzeln, aus denen unsere Vorfahren noch Kraft und Information bezogen. Darauf gibt es mindestens zwei Antworten: Die erste ist, daß Schamanen sich des archetypischen Wissens und unserer angeborenen, genetisch verankerten Fähigkeiten bedienen, die zu unserem Erbteil ebenso gehören wie zu dem von Angehörigen exotischer Stammeskulturen, und daß gemäß ihrer Auffassung nichts verloren gehen kann, was einmal gedacht, gesagt oder getan worden ist, es bleibt in einer Art universellem Bewußtseinsspeicher erhalten. Uns ist nur der Zugang erschwert, solange die Techniken, um diesen Speicher anzuzapfen, nicht zum Allgemeinwissen gehören und diejenigen, die sich dessen bedienen können, nicht ernst genommen oder für verdächtig gehalten werden.

Und die zweite Antwort ist, daß gerade wir Bewohner der hochindustrialisierten Länder in einer speziellen Weise dafür trainiert sind, uns auch schamanisches Wissen sehr rasch und direkt anzueignen. Wir bringen schon durch unsere Schulbildung einige Voraussetzungen mit, weil wir alle gelernt haben, mit Symbolen umzugehen, Symbole stellvertretend für etwas anderes zu nehmen, – wir haben nämlich lesen und schreiben gelernt. Und was sind Buchstabenkombinationen in Wörtern oder Ziffern denn anderes als Symbole für etwas Anderes, nämlich die eigentlichen Dinge? Weiters haben wir ziemlich umfangreiche Kenntnisse über die Natur und ihre Gesetze und verfügen über eine Reihe von Informationsquellen von Büchern bis Internet, falls wir nach weiteren Informationen suchen. Außerdem sind wir daran gewöhnt, viel theoretisches Wissen in kurzer Zeit aufzunehmen und dieses dann über einen größeren Zeitraum hinweg aufzuarbeiten und in die Praxis umzusetzen. Und zu guter Letzt haben wir durch gedruckte und audiovisuelle Medien, durch Bücher, Radio oder Film vermittelt, eine wahre Flut von Geschichten in unserem Gedächtnis, die sich wie die Mythen der Stammeskulturen lehrreich und beispielgebend einsetzen lassen.

All diese angesprochenen Fähig- und Fertigkeiten eignet sich ein nativer Schamanenschüler im Lauf vieler Jahre an, er begleitet und beobachtet seinen Meister lange Zeit, bis er imstande ist, selbständig und eigenverantwortlich magisch zu arbeiten. Er wächst „learning by doing" in seinen Beruf hinein, das abstrakte Denken ist bei ihm viel weniger geschult als bei uns. Er muß alles einmal miterlebt haben, um allmählich sein Verständnis und sein Gespür für das „Richtige", für die im Moment zielführende Vorgehensweise zu entwickeln.

Die Schwierigkeit in unserer hochtechnisierten Welt besteht für uns also nicht darin, daß wir zu wenig Kenntnisse und Begabungen hätten, sondern vielmehr in der mangelnden Flexibilität des Denkens, in unserem Wertesystem, demgemäß Tiere und Pflanzen keine gleichrangigen Lebewesen sind und daher weniger Respekt als Menschen verdienen, und in der Anmaßung, daß unsere Denkweise die überlegene und einzig richtige sei. Sie ist aber nur eine mögliche, die wie jedes andere Denkmodell Vor- und Nachteile hat. Es bleibt jedem von uns selbst überlassen, das für ihn am besten geeignete System zu finden und in seinem Leben zu manifestieren. Und es kann durchaus lohnend sein, seit Jahrtausenden bewährte geistige Zugänge und Methoden auf ihre Tauglichkeit für den Alltag eines durchschnittlichen europäischen Städters abzuklopfen.

Sobald man Erfahrungen mit verbündeten Geistwesen, mit Ratgebern aus der geistigen Welt, mit prompt erfüllten Wünschen und der Heilung von gründlich verkorksten Strukturen gemacht hat, sobald man gelernt hat, sich auf diese Dimension der Inspiration und auf die Liebe als unerschöpfliches, kosmisches Energiepotential einzustellen, stellt sich die Frage nach dem „Wozu?" nicht mehr. Wer einmal sein Wahrnehmungsspektrum erweitert hat, erfährt auch, daß seine Möglichkeiten und Fähigkeiten bei weitem größer sind, als er bisher angenommen hatte.

Stadtschamane zu werden ist ein wunderbares geistiges Abenteuer, es bereichert uns in vielfältiger Weise, macht unser Leben bunt und aufregend, steigert unsere Fähigkeit, alle Wesen als das, was sie sind, wahrzunehmen und intuitiv zu verstehen, mit ihnen zu kommunizieren und sie in ihrem So-Sein zu respektieren. Kurz, es vermehrt Liebe und Freude in unserem Leben und läßt uns an der Fülle des Universums teilhaben. In jeder Form.

HUNA –
was ist denn das?

O KA MAKAPŌ WALE NO KA MEA HĀ PAPA I KA PŌULI.
Nur ein Blinder tappt im Dunkeln.

Unter HUNA (Geheimnis, Geheimwissen) versteht man die hawaiianische Form des Schamanentums, genaugenommen die Tradition des KALA KUPUA, wie sie in HAWAI'I genannt wird. Für mich ist HUNA die einfachste, aber zugleich auch anspruchsvollste schamanische Philosophie, die ich je kennengelernt habe. Einfach insofern, als die sieben Prinzipien, die die Grundlage bilden, sehr klar und verständlich klingen, und auch insofern, als die Techniken leicht erlernbar und im alltäglichen Leben unmittelbar anwendbar sind. Das sollte aber nicht darüber hinwegtäuschen, daß die Konsequenzen dieses Denkmodells tiefgreifend und radikal verändernd wirken, und daß man gerade bei HUNA ganz besonders auf sich selbst, seine Werte, sein Gespür und seine Eigenverantwortung verwiesen wird. Innerhalb dieses Systems bekommen Sie keine Chance, sich einfach zurückzulehnen und sich darauf zu verlassen, daß die genaue Befolgung irgendwelcher magischer Regeln oder die präzise Nachahmung vorgefertigter Rituale Sie schon weiterbringt. Es gibt innerhalb von HUNA kein Entwischen aus der unerfreulichen Realität in eine rosarote Scheinwelt, und es werden Ihnen – vorausgesetzt, Sie können diesem Angebot einiges abgewinnen – alle Ihre bisherigen Ausflüchte und Schuldzuweisungen weggenommen. HUNA ist etwas für intelligente Menschen, klar, logisch, konsequent, auch und gerade in der Ausrichtung auf die Werte, die in den sieben Prinzipien angesprochen sind: Bewußtsein, Freiheit, Konzentration, Friede, Liebe, Selbstvertrauen und Harmonie.

Wenn Sie vielleicht bisher angenommen haben, Schamanen murmeln Zaubersprüche, halten geheimnisvolle Zeremonien ab und haben ein Faible für manchmal unappetitliche Details wie tote Hühner, schleimige Pflanzenabsude und dergleichen, müssen Sie Ihr bisheriges Informationsspektrum erweitern. KAHUNAS (KA HUNA: Meister des Geheimwissens) sind die Meister der Mentaltechniken, sie wissen erstaunlich genau, wie ein menschliches Gehirn funktioniert, wie man erfolgreich mit psychischen Strukturen umgeht, was es mit der sinnlichen und der „übersinnlichen" Wahrnehmung auf sich hat und was sich aus all dem an konstruktiven Schlüssen ziehen läßt. Sie sind dabei völlig unabhängig von äußeren Gegebenheiten, brauchen weder bestimmte psychotrope Pflanzen, heilige Gewänder oder Gesänge und sind auch nicht auf besondere Tempelplätze oder Planetenkonstellationen angewiesen. Sie setzen die Dinge der materiellen Welt ein, wenn sie es für richtig halten, oder verzichten darauf, wenn es für sie so besser paßt. Für Ethnologen müssen sie sehr anstrengend sein, weil sich ihre Arbeit nicht leicht beschreiben läßt. HUNA kann man nur von innen heraus begreifen, aus der äußeren Form läßt sich nichts ableiten.

Gerade deshalb ist dieses Denkmodell aber auch so leicht in jedes andere kulturelle Umfeld zu transferieren. Wenn hierzulande Menschen auch von klein auf anders trainiert werden als auf einer pazifischen Insel, wenn unser Schulunterricht auch anderen Richtlinien

folgt, sind doch die mentalen Voraussetzungen bei uns allen sehr ähnlich, die Unterschiede sind nicht prinzipieller Natur.

In vielen Seminaren mit Menschen von ganz unterschiedlichem sozialem Status und verschiedener beruflicher Ausrichtung, beim Coaching von Personen aus vielen Bereichen, von Ärzten, Juristen, Betriebswirten, Sozialarbeitern oder Studenten hat sich immer wieder herausgestellt, wie flexibel und kreativ HUNA eingesetzt werden kann und wie förderlich und erfolgreich es sich auswirkt. HUNA ist das Beste, was ich anzubieten habe, das liebevollste, vergnüglichste, spannendste und wirkungsvollste Denkmodell, das Sie sich nur wünschen können. Viele Methoden, die heute gängig sind, von den systemischen, konstruktivistischen Ansätzen im psychotherapeutischen Bereich bis zu teils hochgeschätzten, teils umstrittenen Techniken der Kommunikation, Einflußnahme oder Personenführung, sie alle operieren mit einem kleinen Ausschnitt dessen, was in HUNA enthalten ist. Sie haben sich kleine Scheibchen davon abgeschnitten, zumeist reduziert auf die reine Zweckdienlichkeit und völlig losgelöst von den spirituellen Dimensionen, die das jahrtausendealte Original so großzügig, respektvoll und berührend machen. Keine der epigonalen Entwicklungen gibt der Liebe den Stellenwert, den sie für die Hawaiianer hat, den der stärksten Kraft im Universum.

Um Ihnen einen Einstieg in das Lebensgefühl der Hawaiianer zu ermöglichen, um das touristische Surfer-Image etwas zu relativieren, möchte ich Ihnen ein paar Basisinformationen über HAWAI'I geben. Über das HAWAI'I, das mir am Herzen liegt, das die Heimat einer alten Kultur ist und das Sie so in keinem Reiseprospekt finden:

Was wir so üblicherweise unter HAWAI'I verstehen, ist eine Inselgruppe ziemlich genau in der Mitte des Pazifik, zwischen Kalifornien und Japan, bestehend aus acht Inseln: KAUA'I, die für alle Fremden unzugängliche Insel NI'IHAU, O'AHU mit der Hauptstadt HONOLULU, MOLOKA'I mit der alten Leprastation KALAUPAPA, LANA'I, MAUI, KAHO'O-LAWE, eine kleine Insel, die von den Amerikanern als militärisches Testgelände benützt worden ist und erst vor ein paar Jahren, völlig zerstört und verseucht, an die Hawaiianer zurückgegeben wurde – besonders schlimm für die Hawaiianer, da diese Insel ihre spirituelle „Universität" war, was mehr als 500 archäologische Fundstätten bezeugen –, und die größte und erdgeschichtlich jüngste Insel HAWAI'I.

Man nimmt an, daß sich die polynesische Kultur, die als eine der ältesten der Welt gilt, von Westen nach Osten ausgebreitet hat und zuletzt, etwa um 500 n. Chr., von Tahiti und den Marquesa-Inseln aus HAWAI'I erreicht hat. Die Polynesier waren berühmte Navigatoren – heutige Forscher nennen sie die besten Seefahrer der Geschichte –, die imstande waren, mit simplen Auslegerbooten über Tausende von Kilometern noch unbesiedelte Inseln anzusteuern. Sie konnten in schamanischer Weise ihr Bewußtsein vom Körper lösen, sich ein genaues Bild von Richtung und Distanz machen, den richtigen Zeitpunkt, die geeignete Strömung und die beste Witterung herausfinden, um dann mit ihren Gefährten das gefundene Land präzise anzusteuern. Dabei durften sie sich nicht irren, das wäre angesichts ihrer bescheidenen Vorräte auf den Booten tödlich gewesen.

Für die westliche Welt entdeckte 1778 der englische Seefahrer James Cook den Archipel. Bis dahin herrschte auf jeder Insel ein eigener

Häuptling, und es gab durchaus kriegerische Auseinandersetzungen zwischen den Herrschern. Erst um 1800 regierte der erste gesamthawaiianische König, Kamehameha I., der heute noch sehr verehrt wird und eine Art Identitätssymbol für alle Hawaiianer ist.

Gegen Ende des 18. Jahrhunderts war das religiöse Gefüge schon weitgehend destabilisiert. Einige KAHUNAS, hawaiianische Schamanen, hatten begonnen, ihre besonderen Fähigkeiten in den Dienst von Häuptlingen und deren Machtgelüsten zu stellen. Das System von Tabus (hawaiianisch KAPU), das über Jahrhunderte das Zusammenleben der Menschen wie auch ihren Umgang mit den natürlichen Ressourcen geregelt hatte, war inzwischen von einigen KAHUNAS pervertiert worden. Früher hatten sie zum Beispiel ein Stück Land, das brachliegen und sich vom Ackerbau erholen sollte, einfach unter Tabu gestellt und so geschützt. Dasselbe galt für bestimmte Tier- und Pflanzenarten, womit sie die Natur im ökologischen Gleichgewicht hielten. Sie waren erfahrene Heiler und kümmerten sich in jeder Weise um ihre Mitmenschen und deren Wohlergehen. So lenkten sie auch Wirbelstürme kraft ihrer mentalen Fähigkeiten um. Im Bishop-Museum in HONOLULU gibt es eine ganze Sammlung von Dokumenten über solche Vorfälle.

Aber wie gesagt, um 1778 lag vieles im argen, KAHUNAS planten für ihre Herren auch militärische Strategien, die Philosophie von ALOHA, der Liebe als der stärksten Macht im Universum, war in Vergessenheit geraten. Ein KAHUNA, der im Dienst des Häuptlings von Big Island, HAWAI'I, stand, hatte vorausgesehen, daß LONO, ein traditionell weißer Gott, der Gott des Ackerbaus, des Krieges oder überhaupt der intellektuellen Fähigkeiten, leibhaftig ankommen werde, und deshalb in vorauseilendem Gehorsam viele der anderen hölzernen TIKIS, der Götterbilder, verbrennen lassen. Als Cook dann an einem LONO-Feiertag bei einem LONO-Heiligtum landete, war es ganz klar – Cook wurde als LONO empfangen und verehrt.

James Cook blieb einige Wochen und benahm sich, wie auch seine Matrosen, zutiefst „menschlich", die pragmatischen Hawaiianer fanden sehr bald heraus, wie schlecht es um seine übernatürlichen Fähigkeiten stand. Als er nach weiteren drei Monaten Entdeckungsreise wieder nach HAWAI'I zurückkehrte, wurde er in eine Schlägerei verwickelt und kurzerhand erschlagen.

Eine Besonderheit der alten Kultur auf den Inseln bestand darin, daß es so gut wie keine Strafen gab. Das heißt, in der weit überwiegenden Zahl der Fälle, bei einem persönlichen Streit oder einem Eigentumsdelikt, bei Eifersucht oder einem anderen Dilemma, wurden sehr ausgeklügelte Konfliktlösungstechniken angewandt, die ich für so nützlich und lehrreich halte, daß ich ihnen ein eigenes Kapitel widmen möchte. Es wurde alles unternommen, um wieder zu einem Zustand von Frieden, Balance und Liebe zurückzufinden. Verweigerte einer der Kontrahenten grundsätzlich eine harmonische Lösung, wollte er justament auf seiner feindseligen Haltung beharren, wurde ihm nahegelegt, Sippe oder Dorf zu verlassen. Der gesellschaftliche Druck, PONO (Harmonie) wiederherzustellen, war also sehr groß.

Verletzte jemand aber ein Tabu, machte er sich also eines Vergehens gegenüber einer höheren Ordnung schuldig, war er des Todes. Jeder andere durfte, mußte ihn sogar umbringen. Es gab nur einen einzigen

Ausweg: Wenn es der Tabubrecher schaffte, lebend den PU'UHONUA O HONAUNAU, einen Tempelbezirk, der als Ort der Zuflucht galt, zu erreichen, war sein Vergehen getilgt und er wieder frei. Und genau dieser PU'UHONUA O HONAUNAU war der Ort, wo Cook gelandet war. Ein seltsamer Zufall!

James Cook hatte übrigens wie alle Seefahrer vor der Erfindung der Fotografie Künstler mitgebracht, die das Areal nahe dem Landeplatz ganz genau in detailgetreuen Zeichnungen festhielten. Das sind heute die einzigen authentischen Dokumente, nach denen der PU'UHONUA O HONAUNAU vor einigen Jahren rekonstruiert worden ist. Heute sieht er wieder in etwa so aus wie vor 200 Jahren. Der Priester und Schamane, der dort seine Rituale abhält, betet und heilt, Lanakila Brandt, ist übrigens väterlicherseits Österreicher, Wiener, um genau zu sein. Er gehört aber mütterlicherseits einer alten Schamanenfamilie an und wurde von klein auf in dieser Tradition ausgebildet.

Die Missionare, die ab 1820 mehr und mehr die Inseln besuchten, fanden also dort ein spirituelles Vakuum vor, was ihnen die Arbeit sicher sehr erleichtert hat. Einige KAHUNAS, die die alte Tradition noch unverfälscht hochhielten, lebten versteckt in den Wäldern. So gut versteckt, weil von Missionaren mit dem Tod bedroht – viele waren ja auch wirklich umgebracht worden –, daß Ethnologen bis in die 30er Jahre annahmen, die alte Kultur und das Wissen der KAHUNAS wäre verlorengegangen. Max Freedom Long, ein amerikanischer Journalist, der von den Berichten des Direktors des Bishop-Museums fasziniert war, hatte es sich zur Aufgabe gemacht, den Spuren nachzugehen. Und wirklich fand er noch einige Meister des Alten Wissens. Ihm verdanken wir in Europa die Kenntnis von den eindrucksvollen Fähigkeiten der KAHUNAS. Leider hat er in seinen Büchern Richtiges mit Falschem oder Fehlinterpretiertem ein wenig vermischt und das Erfahrene durch seine christliche Denkstruktur gefiltert.

Die politische Geschichte nach 1800 ist schnell erzählt: Das hawaiianische Königreich bestand bis 1893, bis amerikanische Plantagenbesitzer und Kaufleute in einem Putsch Königin LILI'OUKALANI stürzten und einsperrten. HAWAI'I wurde Republik und 1898 von den USA annektiert. Am 7. Dezember 1941, mit dem Angriff der Japaner auf Pearl Harbour nahe HONOLULU, begann für die Amerikaner der 2. Weltkrieg. Seit 1959 ist HAWAI'I der 50. Bundesstaat der USA.

Derzeit geht der HAWAI'I-Tourismus zurück, und auch die Landwirtschaft, vor allem der Anbau von Zuckerrohr und Ananas, ist rückläufig. Das alles bestärkt die Hawaiianer darin, sich wieder auf ihren eigenen Weg zu besinnen, der da heißt: Weg vom „American Way of Life"!

Zu gut kennen die Hawaiianer mittlerweile die Diskrepanz zwischen den Interessen. Teilweise ist der Schaden längst nicht mehr gutzumachen. So wurden von Europäern Mungos ausgesetzt, um der Ratten in den Lagerhäusern, die ja auch eingeschleppt worden waren, Herr zu werden. Was völlig sinnlos war, weil Mungos tagaktiv und Ratten nachtaktiv sind und die beiden Tierarten einander daher höchst selten begegnen. Die Mungos sind aber inzwischen eine rechte Landplage und rotten die einheimischen Vögel aus, die größtenteils, weil ursprünglich ohne natürliche Feinde, Bodenbrüter sind.

Ebenso bedroht ist die heimische Flora, die von den eingeführten, auf aufgegebenen Farmen wild wuchernden Nutzpflanzen verdrängt wird. TI und TARO, sowohl als Nahrungsmittel als auch im rituellen Kontext untrennbar zur hawaiianischen Kultur gehörend, werden inzwischen in botanischen Gärten gezogen.

Die Bevölkerung der Inseln, heute eine Mischung von wenigen Polynesiern (15%), Japanern, Chinesen, Philippinos und Weißen, lernt wieder die alte Sprache, in der es übrigens keine Zukunfts- und keine Vergangenheitsform gibt, was Ausdruck einer für uns ungewohnten Einstellung zum Leben ist. Hawaiianer bemühen sich, mit all ihren Gedanken im Hier und Jetzt zu sein, weil alles andere Fiktion ist. Sie gehen davon aus, daß wir nur in der Gegenwart wirksam werden und handeln können, daß weder die Vergangenheit noch die Zukunft im Moment anwesend ist.

Zur Rückbesinnung auf die eigene Geschichte und Kultur gehört auch, daß das Alte Wissen der Schamanen wieder einen hohen Stellenwert genießt. **HUNA heißt wörtlich übersetzt Geheimnis, esoterisches Wissen, in dem Wort ist aber noch viel mehr enthalten: HU und NA bedeuten in etwa das gleiche wie Yang und Yin. HU heißt Chaos, Bewegung, aktive, „männliche" Energie, und NA meint Ordnung, Ruhe, Struktur, passive, „weibliche" Energie. HU und NA bilden also zwei entgegengesetzte Pole, beide sind ohne ihr jeweiliges Gegenstück nicht denkbar. Leben und Erleben findet im Spannungsfeld zwischen diesen beiden Polen statt. HU allein, also nur Chaos, ermöglicht keine Form der Erfahrung, kein Lernen und keine Entwicklung, und für NA, den absoluten Stillstand, gilt dasselbe. Die Harmonie, das Gleichgewicht zwischen HU und NA, also**

Bewegung in einer Struktur, einer erkennbaren Ordnung – in HAWAI'I oft symbolisiert durch eine Sinuskurve –, macht unser Leben erst möglich. So können wir Zusammenhänge erkennen, Schlüsse daraus ziehen und Veränderungen durchführen.

Wenn also jemand krank ist oder andere Probleme hat, stellt der KAHUNA, der Meister des HUNA, fest, ob zuviel HU oder zuviel NA vorhanden ist, und bemüht sich dann um den Ausgleich. Dies kann auf der materiellen Ebene geschehen, zum Beispiel durch die Anwendung von Heilpflanzen, oder auch auf immateriellem Gebiet, zum Beispiel durch Imagination und Veränderung der Denkmuster und Verhaltensweisen.

KAHUNAS sind Abenteuerschamanen und vertreten damit ein Weltbild, das sich deutlich von dem der meisten anderen schamanischen Kulturen unterscheidet. Fast alle Stammeskulturen außer den Polynesiern gehören kriegerschamanischen Traditionen an. Das heißt, sie beschäftigen sich mit guten und bösen Mächten, mit feindlichen und befreundeten Wesenheiten, verbünden sich mit wohlgesinnten Kräften und achten darauf, den anderen gegenüber zuverlässig geschützt zu sein. Probleme jeder Art entstehen also aus der Sicht der Kriegerschamanen durch das Einwirken von Dämonen und anderen unfreundlichen Geistern, als Resultat eines Fluches, als Rache für ungenügende Beachtung und zu geringe Opferleistungen Schutzgeistern gegenüber. Sie sind Ausdruck dafür, daß ein Seelenteil gestohlen worden ist, daß sich die Gottheit abgewandt hast, daß man „von allen guten Geistern verlassen" worden ist. Folglich geht es darum, sich immer wieder der Gunst von Geistwesen zu versichern, den Kontakt mit ihnen zu pflegen, sie sich durch großzügige Opfergaben zu verpflichten, beziehungsweise im Verbund mit ihnen Unheil abzuwehren.

Das Heilen von Krankheiten geschieht dadurch, daß der Schamane den Dämon, der von einem Kranken Besitz ergriffen hat, überwindet und vertreibt, den verlorenen Seelenteil zurückerobert, den Kranken wieder mit seinen Schutzgeistern oder machtvollen Pflanzenwesen verbindet und die beleidigte Gottheit mit ihm aussöhnt.

Alle materiellen und immateriellen Wesen und Energien, mit denen ein Kriegerschamane nicht vertraut und verbündet ist, können gefährlich sein, der Kontakt ist daher eher zu vermeiden. Auf allen Ebenen, also auch den geistigen, herrschen strenge Hierarchien. Was einen starken Kriegerschamanen und Magier auszeichnet, ist, daß er schon einige Stufen höher steht als seine Stammesgenossen und sich vielleicht einige Geistwesen bereits untertan gemacht hat.

Diese Sichtweise entspricht nicht dem Weltbild, das ich in diesem Buch vorstellen will, was aber keineswegs bedeutet, daß das kriegerschamanische System nicht ebenfalls seit Jahrtausenden erfolgreich funktioniert. Ich bin aber der Meinung, daß in unseren Breitengraden das kriegerische Denken sowieso weit verbreitet ist – wenn auch ohne den Respekt vor der Natur und allen Lebewesen, der zum Beispiel einen Indianer auszeichnet –, daß sowohl auf wirtschaftlichem wie medizinischem Gebiet bereits allzu viel darüber nachgedacht wird, wie etwas oder jemand bekämpft, besiegt und überwunden werden kann, daß diese Denkmuster also ausgereizt sind und offensichtlich nicht mehr dazu taugen, uns neue Perspektiven zu eröffnen. Deshalb halte ich den Denkansatz der Abenteurerschamanen für eine gute, lustvolle und erfolgreiche Alternative. Ich werde also in der Folge nur die Modelle und Methoden der letzteren erläutern.

Für Abenteurerschamanen gibt es keine durch und durch bösen Kräfte und Geister, „böse" – ebenso wie „krank" oder „gesund" – ist keine Eigenschaft und kein Zustand, sondern ein Verhalten. Wer sich im Augenblick „böse" und feindselig verhält, der ist das zwar in der gegenwärtigen Situation, hat aber immer alle Optionen offen, sich auch wieder anders, also friedlich und liebevoll, zu verhalten. **Energie gilt grundsätzlich und in jeder Gestalt als neutral, Schmerzen, Verletzungen und Konflikte entstehen aus dem unharmonischen Verhältnis der betroffenen Person mit einer bestimmten Kraft, dadurch, daß etwas zu einem bestimmten Menschen nicht paßt, zu viel oder zu wenig für ihn ist.** Damit ist gemeint, daß die rotglühende Lava denjenigen verbrennt, der nicht imstande ist, sich energetisch auf diese Feuerenergie einzustimmen, daß aber derjenige, der sich mit PELE, der Göttin der Vulkane, ins Einvernehmen gesetzt hat, ganz unbehelligt auch barfuß darüber hinwegschreiten kann.

KAHUNAS betrachten jede Art von Problem, sei es seelischer oder körperlicher, privater oder beruflicher Natur, als eine Störung der Harmonie in eben dieser Struktur, und sie verfügen über eine Fülle von Methoden, die Balance wiederherzustellen. Niemals geht es darum, etwas als feindlich zu betrachten und zu bekämpfen, weil solche Bewertungen ja nur Resultate eines bestimmten Denkmodells sind, aber keineswegs die über jeden Zweifel erhabene Wahrheit ausdrücken. Da es jedem Menschen und auch jedem anderen Wesen freisteht, sein Denkmodell zu modifizieren, seine Einstellung zu anderen zu verändern, wenn es sich aus seinem Blickwinkel betrachtet lohnt, bemühen KAHUNAS sich eher, dem anderen eine seinem Weltbild angemessene Motivation anzubieten, die ihn bewegen könnte, seine Meinung und sein Verhalten in liebevoller und respektvoller Weise zu verändern. Sie billigen jedem Wesen zu, daß es seinen – im Moment vielleicht noch konfliktträchtigen – Denkmustern gemäß handelt und sich im Grunde nach Liebe sehnt.

Außerdem gehen KAHUNAS davon aus, daß unsere Gedanken machtvolle Energie darstellen und daß diese dorthin fließt, wo der Fokus unserer Aufmerksamkeit ruht. Das heißt, wir nähren mit unserer eigenen mentalen Kraft das, womit wir uns positiv oder negativ beschäftigen. (MAKIA) Je mehr wir also an unangenehme Personen oder widrige Umstände denken und uns darüber beschweren, desto mehr stärken wir mit unserer geistigen Kraft das, was wir eigentlich nicht mögen und ablehnen. Je mehr wir uns vor etwas Schrecklichem ängstigen, was auf uns zukommen könnte, umso mehr tragen wir dazu bei, daß sich genau das manifestiert. Kritik verstärkt den kritisierten Zustand, und was wir am meisten fürchten, ziehen wir quasi magnetisch an.

Die Basis der hawaiianischen Philosophie sind die sieben HUNA-Prinzipien, die durch eine besondere Auffassung von den drei Funktionen des Selbst und durch die Überzeugung, daß alle Denkmodelle von Menschen gemacht und daher willkürlich und austauschbar sind, ergänzt werden. Alle Systeme dienen dazu, die Welt zu erklären und mit sich und anderen darin zurechtzukommen. Keines ist das einzig wahre und richtige, jeder Mensch kann sich für seine persönliche Wahrheit, für das Weltbild entscheiden, das für ihn selbst „funktioniert" und stimmt, mit dem er sicher, lust–, liebe- und respektvoll durchs Leben findet. Daher sagen KAHUNAS:

Segne die Gegenwart!

Vertrau auf dich selbst!

Erwarte das Beste!

Die sieben HUNA-Prinzipien

´A´OHE LOA´A I KA NOHO WALE.
Nichts wird durch Untätigkeit erreicht.

Sie bilden das philosophische Fundament aller Betrachtungsweisen und Techniken in der Tradition der hawaiianischen Schamanen. Dabei handelt es sich um Sätze, von denen ich annehme, daß sie jeder von Ihnen unterschreiben könnte, vielleicht ohne sich fürs erste wirklich der Konsequenzen in der Umsetzung bewußt zu sein. Sie klingen gut, diese Prinzipien, klug und vernünftig, aber sie stellen für meine Begriffe das radikalste Denkmodell dar, das mir in vielen Jahren der schamanischen Arbeit und der Beschäftigung mit unterschiedlichen spirituellen Weltbildern untergekommen ist.

Zu jedem einzelnen dieser Prinzipien gibt es viel zu sagen, darum werde ich in der Folge jedem einen eigenen Abschnitt widmen. Natürlich hängen sie auch zusammen, ergänzen und überschneiden einander, keines von ihnen ist losgelöst von den anderen zu betrachten oder anzuwenden. Wie gesagt, es handelt sich um ein komplettes Denksystem, eine Möglichkeit, sich das Leben und die Welt zu erklären und bewußt, sinnvoll und konstruktiv damit umzugehen.

Und so lauten sie:

IKE

Die Welt ist, wofür du sie hältst.

KALA

Es gibt keine Grenzen.

MAKIA

Energie folgt der Aufmerksamkeit.

MANAWA

Jetzt ist der Augenblick der Macht.

ALOHA

Lieben heißt glücklich sein mit …

MANA

Alle Macht kommt von innen.

PONO

Wirksamkeit ist das Maß der Wahrheit.

Immer wieder werde ich es betonen, es geht mir hier keineswegs darum, die einzig seligmachende Wahrheit zu verkünden. Nicht nur, weil ich mich nicht für zuständig für einzige Wahrheiten halte, sondern auch, weil ich der festen Überzeugung bin – und auch das ist eine Konsequenz aus der Umsetzung der HUNA-Prinzipien –, daß alle von Menschen vertretenen Denkmodelle eben nur von Menschen vertretene

Denkmodelle sind. Sie sind Versuche, das Universum und alle Dinge darin zu betrachten und mit ihnen und der eigenen Befindlichkeit zurechtzukommen. Das entscheidende Kriterium zur Auswahl eines für Sie oder mich passenden Weltbildes besteht darin, wie gut es dafür geeignet ist, daß wir uns in unserer Haut wohl fühlen, mit uns selbst und mit anderen im reinen sein, uns sicher und liebenswert fühlen können, und wie gut es uns dienlich ist, unsere beruflichen und privaten Ziele zu erreichen. Letzteres stellt keineswegs eine Aufforderung zu rücksichtslosem Egoismus oder Über-Leichen-Gehen dar, ganz im Gegenteil. Es bedeutet vielmehr, daß wir wirklich die Verantwortung für unser Wohl und Wehe auf allen Ebenen, den materiellen und immateriellen, für Körper, Seele und Geist und alle unsere Erfahrungen in der Außenwelt übernehmen.

Sehen Sie, schon erhalten Sie einen kleinen Vorgeschmack auf das, was ich oben die „Radikalität" von HUNA genannt habe. In diesem Weltbild geht man nämlich davon aus, daß wir uns gemäß dem ersten HUNA-Prinzip die Welt buchstäblich selbst erschaffen. Daß es so etwas wie eine objektive, für alle Menschen gleichermaßen erfahrbare Wirklichkeit gar nicht gibt. Womit wir auch schon beim ersten HUNA-Prinzip angelangt wären …

IKE – Die Welt ist, wofür du sie hältst

O KE KAHUA MAMUA, MAHOPE KE KŪKULU.
Zuerst der Plan, dann das Gebäude.

Das ist wörtlich gemeint. KAHUNAS gehen davon aus, daß wir buchstäblich Anteil an der göttlichen Schöpferkraft haben, daß wir uns unsere persönliche Welt, die Wirklichkeit in Form unserer Erfahrungen und Erlebnisse, selbst kreieren. Daß die Materie dem Geist folgt und nicht umgekehrt, daß der menschliche Geist ganz allgemein ein ungeheures Potential darstellt, das wir üblicherweise nur zu einem geringen Teil nutzen. Daß Gedanken machtvolle Energie sind, mit der wir uns unsere persönliche Welt in jedem Augenblick neu erschaffen.

KAHUNAS befinden sich dabei heute in bester Gesellschaft mit Physikern, vor allem mit den Forschern, die sich mit dem Allerkleinsten, den subatomaren Teilchen, beschäftigen. Die sind durchaus der Ansicht, daß es so etwas wie eindeutig definierte materielle Teilchen gar nicht gibt, sondern daß es sich dabei um Energiepotentiale handelt, die vom anwesenden Bewußtsein, sprich, den Gedanken und Erwartungen des Beobachters eines Experiments oder anderen Vorgangs, definiert, also zu dem gemacht werden, was sie dann für ihn, in seiner persönlichen Welt, sind. Das wissen Sie bereits.

Erfreulicherweise – und ich hoffe, Sie teilen meine Ansicht – befinden wir uns in einer Epoche, in der sich die Kluft zwischen Religion und Naturwissenschaft, zwischen Spiritualität und Forschung, zwischen Weisheit und Wissen, die seit der Zeit der Aufklärung, also während der letzten 250 Jahre bestanden hat, wieder schließt. Heute werden die kühnsten Physiker zu Philosophen, weil sie in Bereiche vordringen, in denen nichts mehr eindeutig und klar zuordenbar ist. In der Quantenphysik ist man es bereits gewöhnt, sich nur mehr mit gewissen Wahrscheinlichkeiten zufriedenzugeben. Es gibt Experimente, die belegen, daß sich sogar die winzigsten Bausteine unserer Welt sehr eigenwillig benehmen und über Informationen, zum Beispiel die Erfahrungen benachbarte Teilchen betreffend, verfügen, von denen keiner weiß, wie sie an diese gelangt sind, und noch viel weniger, wie so ein subatomares Teilchen daraus Schlüsse ziehen und sein Verhalten danach richten kann. (Genaueres zu diesen Experimenten in „Magie ist keine Hexerei").

Beim Weltkongreß der Bewußtseinsforscher 1998 in Wien kamen übrigens die Damen und Herren vom Fach ebenfalls zu dem Schluß, daß sich der Begriff „Bewußtsein" in keiner Weise definieren oder abgrenzen läßt und sich jeder naturwissenschaftlichen Untersuchung und empirischen Forschung entzieht. Es konnte keinerlei Einigung darüber erzielt werden, wo Bewußtsein anfängt und aufhört, ob selbständige Bewegung ein Kriterium sein könne oder Wachstum oder die Komplexität eines Systems oder … oder … oder …

Ersetzen Sie jetzt einmal den Begriff „Teilchen" durch „Menschen" und wenden Sie die bereits zitierten Erkenntnisse auf sich und Ihre Mitmenschen an. Soziologen und Meinungsforscher begegnen genau demselben

Phänomen: Sie können allerhand über eine bestimmte Entwicklung im Konsumverhalten oder bei der nächsten Wahl voraussagen, aber niemals, wie bestimmte Einzelpersonen in bestimmten Situationen reagieren werden. Genau das ist es aber, was auf jeden von uns zutrifft, wir sind bestimmte Personen in bestimmten Situationen, mit bestimmten Erfahrungen und Erwartungen, und daraus leitet sich ab, wie gut es uns geht, wie wohl wir uns fühlen oder eben auch nicht. Der statistische Durchschnitt sagt nichts über unsere persönliche Gesundheit, über unsere individuelle Lebenserwartung, über unseren beruflichen Erfolg und unser privates Glück aus. Es gibt zu allen Risikogruppen auch die Ausnahmen, zu allen Prognosen auch die Gegenbeispiele. Die Tatsache, daß es immer mehr Frauen gibt, die kardiologische Probleme bekommen, sagt nichts darüber aus, ob ich oder Sie oder die Dame neben Ihnen Herzbeschwerden bekommen wird. Der statistisch erhobene Zusammenhang zwischen Zigaretten und Lungenkrebs erzählt uns nichts über die körperlichen Zustände eines bestimmten Rauchers. Daß immer mehr Ehen geschieden werden, bedeutet nicht, daß es keine glücklichen, dauerhaften Lebensgemeinschaften geben kann. Und die Arbeitsmarktsituation bietet keine ausreichende Erklärung für den beruflichen Werdegang, Erfolg oder Mißerfolg in einer bestimmten Branche, bezogen auf ein bestimmtes Individuum.

Wir könnten uns nun auf eine Diskussion über „Henne und Ei", und was denn wohl zuerst da gewesen sein müsse, einlassen. Das wäre aber wohl wenig zielführend, es geht hier nicht ums Recht-Haben. Ich behaupte nicht, daß KAHUNAS in allem recht haben. Ich möchte Ihnen nur ein Denkmodell vorstellen, das sich über Jahrtausende bewährt hat. Es liegt an Ihnen, ob Sie es für nützlich, spannend, anwendbar halten, ob Sie sich auf das geistige Abenteuer einlassen, den Kosmos, Ihren persönlichen Kosmos unter ein paar anderen Aspekten zu betrachten und einmal schauen, was Ihnen das bringen kann. Ich verspreche Ihnen, daß das Öffnen bisher verschlossener Türen Ihr Leben auf jeden Fall bereichern, Ihr Spektrum an Möglichkeiten erweitern und die Lust am Dasein steigern wird.

Wenn es nicht zu allen Zeiten und auf allen Wissensgebieten Menschen gegeben hätte, die sich nicht darum gekümmert haben, was gerade der Norm entspricht, was sich die Mehrheit der Mitbürger vorstellen kann und was nicht, hätte es niemals irgendwelche Neuerungen und Erfindungen gegeben. Würden alle Schwerkranken die medizinischen Prognosen akzeptieren und sich fügen, gäbe es keine Spontanheilungen, keine zurückgekehrten klinisch Toten, keine „Wunder". Wenn alle Handwerker angesichts der industriellen Fertigungsmöglichkeiten den Glauben an ihre Kunst verloren hätten, gäbe es keine handgenähten Schuhe, keine individuellen Schmuck- oder Kleidungsstücke, keine liebevoll getischlerten Möbel mehr. Und wenn ich mich jemals damit beschäftigt hätte, daß pro Jahr circa 80.000 Neuerscheinungen auf dem deutschsprachigen Buchmarkt herauskommen, hätte ich gewiß keine einzige Zeile verfaßt und säße jetzt nicht, das dritte Buch schreibend, vor dem Computer.

Es gibt also etwas, was ganz entscheidenden Einfluß auf das Ge- oder Mißlingen unserer Projekte hat, was unabhängig von den gängigen Ansichten und Ideologien wirkt. Und das sind, davon bin ich fest überzeugt, unsere Gedanken, unsere Erwartungen und Vorstellungen.

„Die Welt ist, wofür du sie hältst" heißt nicht mehr und nicht weniger, als daß wir uns aufgrund unserer Denkmuster unsere persönliche Wirklichkeit selbst erschaffen. Daß wir genau das in der materiellen

Wirklichkeit umsetzen, genau die Erfahrungen machen, die unserer Sichtweise entsprechen. Daß wir nur das erreichen werden, was wir uns auch vorstellen können. Bewußt oder unbewußt, das macht dabei keinen Unterschied.

In vielen Lebensbereichen ist es uns ganz vertraut, daß es zuerst die Vorstellung, das Konzept, den Plan gibt, und dann erst die Durchführung. So entstehen zuerst die Pläne zu einem Haus, die Idee eines neuen Produkts, das Konzept zu einer Veranstaltung, und danach folgen alle Aktivitäten zur Manifestation, zur Verwirklichung. Keiner baut Pi mal Daumen ein Haus, ohne zumindest einige Überlegungen zu Raumanzahl und -größe und zu den Funktionen dieser Räume angestellt zu haben, und zeichnet im nachhinein die Pläne des fertigen Objekts. Auch das verwendete Material hat sich nicht „zufällig" eingefunden, es wurde gewissen statischen und klimatechnischen Erfordernissen entsprechend besorgt.

Eine Veranstaltung abzuhalten, ohne zu wissen, mit wem, wo und wann, in welchem Rahmen, in welcher Größenordnung und mit welchem Budget, kann vielleicht einmal als Happening funktionieren, wobei aber dann das Resultat, das Ansprechen der richtigen Zielgruppe und der finanzielle Ausgang auch völlig ungewiß sind. In der Regel machen wir es genau umgekehrt, wir überlegen ganz genau, was und wen wir damit erreichen wollen, und gestalten das Ereignis entsprechend. Falls dabei einmal am Ziel vorbeigeplant worden ist, läßt das auf einen Denkfehler in den vorausgegangenen Überlegungen oder auf falsche Prämissen schließen. Kurzum, wir gehen ganz selbstverständlich davon aus, daß es dabei einen Zusammenhang zwischen unseren Vorstellungen und deren Umsetzung gibt.

Der Umkehrschluß, daß alles, was uns begegnet und widerfährt, eine Folge unserer – oft auch unbewußten – Denkmuster und Annahmen ist, wird selten gezogen, obwohl das eine durchaus logische Ableitung aus dem Vorigen sein kann. **KAHUNAS gehen davon aus, daß uns nichts im Leben zufällig passiert, daß jedes äußere Ereignis, jedes Zusammentreffen von Personen und Ereignissen etwas mit uns selbst, mit unseren bewußten und unbewußten Denkstrukturen und Glaubenssätzen zu tun hat. Es gibt daher auch keine ungerechten Schicksalsschläge, sondern nur mehr oder minder bewußt herbeigeführte Lernerfahrungen.**

Nehmen Sie das bisher Gesagte einfach als Arbeitshypothese! Sie können sich damit beschäftigen, solange es Ihnen sinnvoll erscheint, und jederzeit zu Ihren alten Denkmodellen zurückkehren, wenn Sie genug davon haben. Es spielt weder für einen KAHUNA, noch für andere eine Rolle, welcher Hypothese Sie folgen – schließlich erschafft sich doch sowieso jeder seine persönliche Wirklichkeit. So ein Modell muß keineswegs mehrheitsfähig sein, jeder entscheidet für sich selbst, ob es für ihn attraktiv ist oder nicht.

Ich vermute, nun sind Ihnen auch schon die Nachteile eines solchen philosophischen Modells aufgefallen: Es beraubt uns aller Ausreden, es nimmt uns jede Möglichkeit, andere für unser Mißgeschick, für Krankheiten und andere Probleme verantwortlich zu machen. Schuldzuweisungen sind ab sofort obsolet. Die Konsequenz daraus ist aber auch sehr spannend: **Wenn wir wirklich die Verantwortung für alle unsere Erfahrungen übernehmen, wenn wir anerkennen, daß wir diese – bewußt oder unbewußt – (zumindest mit)gestalten, dann erklären**

wir uns dadurch zu machtvollen Wesen. Dann sind wir wirklich Herren und Herrinnen unseres Schicksals, dann haben wir die Macht, unsere Energie, unsere mentale Kraft auch konstruktiv zu unserer Heilung, zu unserem Erfolg, zum Wohle von uns selbst und unseren Mitmenschen, und auch zu unserer Lust und Freude einzusetzen.

Ist Ihnen schon einmal aufgefallen, wie oft sich Menschen über übelwollende Kollegen, gesellschaftliche Mißstände oder auch nur das Tiefdruckwetter beklagen, um einige berufliche Ungereimtheiten oder private Differenzen zu begründen, wie selbstverständlich sich aber dieselben Personen sehr wohl auf die eigene Schulter klopfen, wenn sie in irgendeinem Bereich erfolgreich waren? Ein solches Verhalten entbehrt jeder logischen Konsequenz! Entweder sind wir die Schöpfer unserer persönlichen Wirklichkeit oder nicht! Daß nur die guten Lösungen auf unserem Mist gedeihen und die weniger stimmigen auf Fremdverschulden zurückzuführen sind, kann einem weisen Schamanen keiner einreden.

Sie haben wie immer im Leben die Wahl: Wollen Sie sich selbst als machtvolles Wesen verstehen oder nicht? Wollen Sie herausfinden, wie groß Ihr geistiges Potential wirklich ist, oder nicht? Wollen Sie wissen, was sich alles aufgrund geänderter Vorstellungen in der alltäglichen, materiellen Wirklichkeit manifestieren kann, oder nicht?

Wenn Sie jetzt dreimal mit Nein geantwortet haben, empfehle ich Ihnen, sich nicht weiter zu beunruhigen. Klappen Sie dieses Buch einfach wieder zu!

Sollten Sie es aber lustvoll und aufregend finden, Ihre Möglichkeiten weiter auszuloten, herauszufinden, inwieweit Sie Ihre Befindlichkeit auf allen Ebenen verbessern und das Spektrum Ihrer Erfahrungen erweitern können, dann vertiefen Sie sich weiter in dieses wunderbare Denkmodell.

In die Formulierung eines Schamanen übersetzt, würde das erste HUNA-Prinzip folgendermaßen lauten: Alles ist (d)ein Traum. Aber auch: Träume sind wirklich, es gibt ja nichts anderes als Träume. Wir halten für real, was viele von uns für real halten, worin also unsere Träume möglichst präzise übereinstimmen. Wie weit solche subjektiven Eindrücke von der wissenschaftlichen Erkenntnis entfernt sein können, läßt sich anhand von ein paar ganz einfachen Beispielen illustrieren: Was wir für feste Körper halten, besteht in der Wirklichkeit der Physiker zum geringsten Teil aus dem, was wir laienhaft als Materie definieren würden, aus subatomaren Teilchen nämlich, und zum größten Teil aus „Zwischenraum“, aus einem Bereich, in dem die einzelnen Teilchen um einen Kern schwingen. Und doch nehmen wir mit unseren beschränkten äußeren Sinnen diese Körper zur Gänze als festes, undurchdringliches Material wahr.

Wir glauben, Farben mit Hilfe der Physik als Reflexion von Licht einer bestimmten Wellenlänge eindeutig definieren zu können. Wohl wahr, damit ist aber noch nichts über das subjektive Farberleben eines bestimmten Menschen ausgesagt. Wie unterschiedlich das sein kann, kann Ihnen jeder Graphiker oder Drucker bestätigen. Bedenken Sie zum Beispiel auch, daß jeder siebente Mann rot-grün-blind ist, also rot, grün und dunkelgelb nicht unterscheiden kann.

Daß Unfallzeugen unterschiedliche Geschichten erzählen, bedeutet nicht, daß der eine oder andere unaufmerksam oder übelwollend ist, sondern daß jeder Mensch aufgrund seiner Denkmuster und bisherigen Erfahrungen unterschiedliche Filter hat, die seine Wahrnehmung beeinflussen. Gerichte beziehen sich dann auf die möglichst große Übereinstimmung dieser Schilderungen, was eigentlich nichts über den Wahrheitsgehalt derselben aussagt. Wenn man es erkenntnistheoretisch genau nimmt.

Folgerichtig werden in schamanischen Kulturen sogenannte „Verrückte" nicht ausgesondert und verachtet, es wird ihnen, ganz im Gegenteil, zugebilligt, über eine erweiterte, über die der Stammesgenossen hinausgehende Wahrnehmung zu verfügen. Daher sind diese Menschen oft die Weisen oder Propheten ihres Stammes. Ihre Träume stimmen zwar mit denen der Mehrheit nicht überein, Mehrheit entscheidet aber nicht über Wahrheit. Kennen wir nicht vergleichbare Situationen aus den Lebensgeschichten mancher Forscher und Pioniere der Technik auch in unseren Breiten? Oft schon wurde einer für verrückt gehalten, weil seine Wahrnehmung feiner und sensibler und seine Visionen kühner als die seiner Mitbürger waren. Bedauerlicherweise konnte manch einer von der Anerkennung durch die Nachwelt allerdings nicht mehr direkt profitieren.

„Die Welt ist, wofür du sie hältst" heißt eben auch, daß unsere Sinneseindrücke, unsere Bewertungen der Wirklichkeit niemals das Ganze in all seiner Komplexität zu erfassen vermögen, sondern nur einen Ausschnitt, aus einem bestimmten Blickwinkel betrachtet. Die Welt und unser Bild von ihr verhalten sich zueinander wie eine Person zu ihrem Foto. Ausschnitt, Blickwinkel, Kamerastandpunkt, Licht und der eine besondere Augenblick, in dem wir auf den Auslöser gedrückt haben, entscheiden über den Eindruck, die Wirkung des Bildes.

KAHUNAS meinen daher, alle Denkmodelle sind eben nur das: Denkmodelle. Von Menschen geschaffen, um sich die Welt, den Kosmos, das Leben zu erklären und damit zurechtzukommen. Alle Denkmuster sind daher willkürlich und austauschbar; entscheidend ist, wie gut das unsere dazu dient, mit uns selbst und unseren Mitmenschen im reinen zu sein, uns wohl und sicher zu fühlen und das Dasein zu bewältigen. Sollten Sie mit Ihrem bisherigen keine sonderlich guten Erfahrungen gemacht haben oder sich einfach herausentwickelt haben, tauschen Sie es einfach aus. Schließlich verwaltet niemand die einzige Wahrheit für alle. Und über Ihre persönliche Wahrheit weiß niemand besser Bescheid als Sie selbst.

KALA –
Es gibt keine Grenzen

E HO ʻĀ ʻO NO I PAU KUHIHEWA.
Tu es, das befreit dich von Illusionen.

Das ist vermutlich ein erklärungsbedürftiger Satz, weil wir alle doch Tag für Tag unser Begrenztsein erleben, sei es mental, psychisch oder physisch. Und ich persönlich bin auch der Überzeugung, daß es zu unserer ureigenen Definition als Menschen gehört, daß wir begrenzte Wesen sind. Schließlich werden wir geboren und sterben und leben zumindest während der Zeitspannen, die unser Bewußtsein an einen menschlichen Körper gebunden ist, innerhalb der Polarität. Vieles in unserer Umwelt ist nur als Begriffspaar erfahrbar, der eine Teil definiert sich über den jeweils anderen: Tag – Nacht, hell – dunkel, kalt – warm, Krieg – Frieden. Wenn jemand keinerlei Erfahrung oder Information bezüglich Nacht hat, kann er den Tag als Kontrast dazu nicht beschreiben, wenn jemand keine Vorstellung vom Krieg hat, weiß er Frieden nicht zu schätzen, wenn einer noch nie gefroren, sondern immer in einem südlichen Klima gelebt hat, verbindet er das Körpergefühl „kalt" höchstens mit erfrischenden Getränken, aber nicht mit einer Vorstellung von Winter.

Noch unmittelbarer betrifft uns das Gesetz der Polarität und des Ausgleichs in unseren Körperfunktionen: Wir können nicht nur einatmen, wir müssen auch ausatmen, wir können nicht nur essen und trinken, wir müssen uns auch entleeren, wir können nicht nur wach sein, wir müssen auch schlafen, wir können unser System nicht nur beanspruchen, wir müssen auch Regenerationsphasen zulassen. Wenn wir nicht in Balance sind, wenn wir mehr Nahrung zu uns nehmen, als wir verbrennen und ausscheiden, nehmen wir zu. Und auch dem sind Grenzen insofern gesetzt, als sich unser Körper irgendwann zur Wehr setzt, Ausfallserscheinungen aufweist, seine Funktionsfähigkeit mehr und mehr einbüßt. Wenn wir die Abfallprodukte in unseren Atmungsorganen unzureichend loswerden, vergiften wir uns allmählich selbst. Und wenn wir uns die Pausen, die wir brauchen, um uns nach Anstrengungen wieder zu erholen, nicht freiwillig einräumen, kann es vorkommen, daß das Unbewußte seine Bedürfnisse vehement einfordert und uns via Grippe oder Unfall eine Zeitlang außer Gefecht setzt. Haben Sie schon einmal beobachtet, in welchen Situationen sich Menschen anstecken oder zu Sturz kommen? Vielleicht ist es Ihnen zumindest schon hin und wieder bei anderen aufgefallen, bei denen so etwas ja leichter zu beobachten ist als bei sich selbst.

Kurz, wir leben mit einem Rhythmus, in einer wellenförmigen Bewegung, und fühlen uns damit so lange wohl, wie wir, bewußt oder unbewußt, immer wieder den Ausgleich zwischen den beiden Polen herstellen. Kippt unser System aus der Harmonie, schafft es unser Körperbewußtsein noch einige Zeit, die Irritation zu kompensieren. Damit meine ich, daß sich jeder im großen und ganzen gesunde Mensch auf eine gewisse „Elastizität" von Körper und Seele verlassen kann, darauf, daß er sie innerhalb gewisser Toleranzen durchaus belasten darf, daß aber dadurch auch der Druck in Richtung energetischer Ausgleich zunimmt. Wenn der allerdings zu groß wird, gibt irgendein Teil nach, verweigert die zukünftige klaglose Gefolgschaft – man wird krank.

Damit wären wir bei einem weiteren wichtigen Gegensatzpaar angelangt: gesund – krank. Auch dafür gilt, daß sich das Verständnis für den einen Zustand aus dem Wissen um den anderen ergibt. Wie sollte sich ein kleines Kind, das selbst noch nie krank war und auch keine Kranken gesehen hat, eine Vorstellung davon machen, was es heißt, gesund zu sein. Für so ein Kind bedeutet „gesund" so viel wie „normal", es beschreibt sein alltägliches Lebensgefühl. Und auch für Erwachsene mit einschlägigen Erfahrungen ist „Gesundheit" ein sehr persönlich gefaßter, relativer Begriff. So haben mir schon Krebspatienten nach erfolgreich absolvierter Chemotherapie gesagt, sie betrachten sich als gesund. Und damit haben sie aus schamanischer Sicht natürlich recht, sie beschäftigen sich bewußt mit den Vorstellungen, die sich gut und erfreulich anfühlen, und schwächen sich selbst nicht durch ständiges Wiederkäuen von Horrorszenarien. Auf jeden Fall hat Gesundheit etwas mit Wohlbefinden und Leistungsfähigkeit in einem spezifischen Bereich zu tun, damit, daß man sich frei fühlt, das umzusetzen, was einem wichtig ist.

Es kann also sein, daß wir eine Seite eines Begriffpaares positiv bewerten und die andere ablehnen. Das findet in manchen Fällen generelle Zustimmung und in anderen nicht. So findet kaum jemand „Krieg" erstrebenswert – abgesehen vielleicht von ein paar machtlüsternen Politikern und einigen Rüstungsfabrikanten, die in Friedenszeiten auf ihren Produkten sitzenbleiben –, und kaum jemand bemüht sich bewußt darum, krank zu werden. Ob jemand aber meteorologische Gegebenheiten als „heiß" oder „kalt" empfindet, ob er dieses „heiß" oder „kalt" als angenehm und wohltuend wahrnimmt oder als „zu heiß" oder „zu kalt", das hängt von vielen unterschiedlichen Faktoren ab: von der Klimazone, in der unser Jemand aufgewachsen ist, von seinem körperlichen

Zustand, von den Assoziationen, die in seinem Hinterkopf auftauchen, von den Glaubenssätzen, die er vertritt. Meint er, er werde sich in winterlicher Kälte verkühlen, schwächt er durch diese destruktive Erwartung sein Immunsystem und „steckt sich an". Genießt er aber die kühle Witterung, weil er sich zum Beispiel unter diesen Umständen frischer fühlt und einen klaren Kopf hat, ist die Wahrscheinlichkeit, daß sein Körper ihm Wohlbefinden signalisiert, daß er Grippeviren gegenüber immun bleibt, ungleich höher. Er erschafft sich also basierend auf seinen Denkmustern und Bewertungen die Grenzen seiner körperlichen Toleranz, seiner Fähigkeit, mit den Umständen ungefährdet zurechtzukommen.

Wie sehr unser Körper willig unsere Denkmodelle umsetzt, kann eine kleine Geschichte illustrieren: Wahrscheinlich haben Sie wie die meisten Europäer schon von klein auf gelernt, man müsse für warme Füße sorgen, um nicht krank zu werden. Sie haben als Kind sicher hundertmal gehört: „Zieh Socken und Hausschuhe an!" Stimmt's?

In Bhutan, bei einem einsam gelegenen Himalaya-Kloster, habe ich einmal Kinder beobachtet, die mit nackten Füßen auf der gefrorenen Erde und im Schnee standen. Oberhalb der unbekleideten Beinchen trugen sie Baumwollgewänder, darüber Jacken und auf dem Kopf dicke Pelzmützen. In Bhutan lernen Kinder nämlich von frühester Jugend an, der Kopf müsse warmgehalten werden, damit man gesund bleibe. Und siehe da, beides funktioniert! Es handelt sich offensichtlich um ein Programm, das im physischen System wirksam wird, nicht um eine für alle gültige „Wahrheit".

Objektiv läßt sich – natürlich innerhalb gewisser „vernünftiger" Grenzen – nicht feststellen, bis zu welchen Temperaturen die Physis mitspielt und ab welcher Grenze alle Menschen krank werden oder sterben müssen. Die Grenzen sind subjektive. Und genau das meint das zweite HUNA-Prinzip: **Es gibt keine allgemein, unter allen Umständen und für alle gültigen Grenzen, und daher gibt es gar keine. Unsere Begrenzungen existieren in unseren Köpfen, wirken sich aber in allen Bereichen der Realität aus.**

Denkstrukturen, die starr und unflexibel sind, können wir prinzipiell als behindernd bezeichnen. Sie wirken wie Filter und lassen nur das durch, was wir bereit sind zuzulassen. Fixe Ideen, Vorurteile, Ideologien, Dogmen und unanfechtbare Überzeugungen schränken das Potential des menschlichen Geistes ein, auch wenn sie der eine oder andere für unerläßlich hält, um seine Illusion von Sicherheit aufrechtzuerhalten. Alles, was sich jeder Veränderung widersetzt und über keinerlei Elastizität verfügt, birgt das Risiko, unter großem Druck, unter starkem äußeren Einfluß zu zerbrechen. Menschen leiden viel mehr an der Verweigerung von allem, was ihnen neu und vorläufig noch fremd ist, als an dem, was an Ungewohntem wirklich auf sie zukommt. Grundsätzlich steht es uns immer frei, an dem, was aus Prinzip nicht akzeptiert wird, zu scheitern oder durch das Einbeziehen bisher unbeachteter Möglichkeiten zu wachsen und unser Spektrum an Wahrnehmung und Erkenntnis zu erweitern.

Eine offene Haltung zu den Dingen dieser Welt hat natürlich etwas mit unserer grundsätzlichen Einstellung dem Leben gegenüber zu tun (IKE). Betrachten wir das Leben ganz allgemein als mühsam und gefährlich, beziehen wir diese Sichtweise auch auf alles Ungewohnte,

Unbekannte, das uns begegnet. Sind wir dagegen voll Vertrauen und fröhlicher Neugier, erfüllt uns die Erwartung von neuen Eindrücken mit lustvoller Aufregung, dann haben wir ungleich größere Chancen, dem Neuen, den Abenteuern eines neuen Tages gewachsen zu sein und Leuten über den Weg zu laufen, die für uns anregend und förderlich sind.

Unter schöpferischen Grenzen verstehe ich die Strukturen, die sich jemand wählt, um sich auf einen bestimmten Ausschnitt des Kosmos zu konzentrieren oder um menschliches Zusammenleben zu ermöglichen. Da menschliche Wahrnehmung an das Erkennen von Unterschieden, von Kontrasten und Veränderung gebunden ist, da unsere äußeren Sinne abwechslungsreicher Impulse bedürfen, um unser Gehirn mit Information zu füttern, bedeutet „grenzenloses Erleben" eigentlich „kein Erleben". Bei Experimenten in komplett weißen oder schwarzen, dunklen und schallisolierten Räumen wurden die Versuchspersonen sehr bald psychotisch. Sie hatten Halluzinationen und drehten durch.

Es bedarf also der Grenzen, um unser tägliches Leben zu gestalten, aber es bedarf auch immer wieder von neuem unserer Entscheidung für bestimmte Grenzen, die wir für sinnvoll und nützlich halten. Es gibt keine (fixen, für alle einheitlich gültigen) Grenzen, in unserem Dasein wirken sich diejenigen aus, die wir uns selber setzen und die wir – mehr oder minder unreflektiert – von anderen übernehmen. Im Denkmodell HUNA kommt keine höhere Instanz vor, die uns die Grenzen in einer besonderen Weise vorgibt. Unser höheres Selbst, unser Anteil an der göttlichen Schöpferkraft ermöglicht uns unser irdisches Leben durch die bewußte oder unbewußte Auswahl der Faktoren und Kriterien.

Das geht so weit, daß wir uns nicht einmal auf unsere Veranlagung und Begabung ausreden können. Im Prolog hab ich Ihnen erzählt, daß jeder von uns nur einen Bruchteil seiner Geninformationen aktiviert hat und daß wir nicht ein Leben lang mit derselben Auswahl operieren, sondern je nach Lebenssituation und Gesundheitszustand unterschiedliche Bereiche unseres Genoms nützen. Was ja auch Sinn macht, schließlich geben die Geninformationen die „Rezeptur" zum Aufbau bestimmter Eiweiß-Moleküle vor. Und das führt eben zu „gesunden" oder „kranken" Aminosäuren, beziehungsweise Körperzellen. Wohlgemerkt, Wissenschaftler haben nur die Gleichzeitigkeit gewisser Symptome und Aktivierungen feststellen können, ich halte die Schlußfolgerung aber für zulässig, daß zuerst eine Änderung im Informationsstand und erst dann in der materiellen Umsetzung stattgefunden hat. Warum und wodurch es aber zu einer veränderten Aktivierung im Genom gekommen sein könnte, läßt sich naturwissenschaftlich noch nicht belegen, daß es aber mit einer veränderten Einstellung zum Körper und zum Leben an sich zu tun haben könnte, ist nicht auszuschließen.

Für KAHUNAS ist es seit Jahrtausenden klar: unser Körper spiegelt unsere Gedankenmuster, er drückt sie in materieller Form aus. Auch in dieser Hinsicht erschaffen wir uns durch die Auswahl und Gewichtung unserer Vorstellungen unsere eigene Befindlichkeit. Nicht die äußeren Ereignisse erzeugen Streß, Krankheit oder Mißerfolg, sondern unsere Bewertung dieser Umweltfaktoren, unsere Bereitschaft, uns auf sie einzustellen, uns damit zu harmonisieren oder eben nicht. (Zu diesem Thema lesen Sie mehr im Kapitel „Vom Konflikt zur Harmonie".)

Vertauschen wir den Begriff „Grenze" gegen „Spielregel", verliert das Modell sofort an Schwere, an Bedeutung. Spielregeln sind Vereinbarungen, die gemeinsames Erleben, gemeinsame Arbeit erst möglich machen. Stellen Sie sich vor, Sie hätten ein Spielbrett mit 64 schwarzen und weißen Quadraten und möchten Schach spielen, während Ihr Gegenüber darauf besteht, Dame zu spielen. Sie haben nun mehrere Möglichkeiten: Entweder hält sich jeder nur an die Regeln seines Spiels, dann kreieren Sie vielleicht ein kreatives Durcheinander, haben aber wenig Aussicht darauf, miteinander zu spielen. Oder Sie einigen sich auf das eine oder das andere Spiel, beziehungsweise erfinden ein neues drittes, das vielleicht besonders viel Spaß macht.

Selbstverständlich können Sie jederzeit auch alle Spielregeln ignorieren, wenn Sie bereit sind, die Konsequenzen zu tragen. Wenn Sie beschließen, sich an keinerlei zwischenmenschliche Vereinbarung mehr zu halten, wird es zwar bald schwierig für Sie werden, mit anderen zu kommunizieren und zusammenzuarbeiten, aber es könnte eine lohnende Perspektive sein, als Eremit zu leben oder die Sozialstruktur eines Wolfsrudels zu erforschen. Wenn diese Aussicht für Sie befriedigend ist – wer sollte Sie an der Durchführung hindern können? Wenn Sie sich unabhängig von der Nahrungsaufnahme machen wollen – kein Problem, es hat zu allen Zeiten Menschen gegeben, die das nachweislich geschafft haben. Wenn Sie sich nicht länger den Bedingungen und Regeln eines europäischen Staatsgefüges anpassen wollen, finden Sie sicher einen Platz auf diesem Globus, an dem Sie sich ganz nach Gutdünken gebärden können.

Ich meine ganz ernsthaft, daß Sie viel weniger Einschränkungen akzeptieren müssen, als Sie sich bisher vorstellen konnten, voraus-

gesetzt, Sie nehmen auf sich, was sich aus der Aufkündigung Ihrer bisherigen Konditionen ergibt. Sie bestimmen die Regeln, setzen Ihre Grenzen fest und können herausfinden, mit wem Sie dann noch etwas gemeinsam haben. Auf jeden Fall haben alle anderen Wesen dasselbe Recht, sich innerhalb ihrer eigenen Gesetzmäßigkeiten zu bewegen, und sind nicht verpflichtet, sich nach dem Gutdünken von anderen einzurichten. Was auch immer das im einzelnen bedeuten mag.

Wenn es keine Grenzen gibt, ist alles mit allem verknüpft. Sie können diesen Aspekt mit der Ansicht der Astrophysiker in Verbindung bringen, daß sich im Moment des Urknalls das ganze uns bekannte Universum aus der Singularität gelöst hat, daß aber alles, was einmal verbunden war, auch über beliebige Distanzen verbunden bleibt und sich gegenseitig beeinflußt. Möglicherweise haben Sie schon von den Gedankenexperimenten gehört, in denen der Flügelschlag eines Schmetterlings am Amazonas genügt, um ein labiles energetisches System zum Kippen und viele Kilometer entfernt ein Flugzeug zum Absturz zu bringen. Solche Überlegungen resultieren aus der Theorie von der Vernetzung komplexer Systeme, sie sind nicht völlig absurd. Schließlich läßt sich oft genug nicht eindeutig nachvollziehen, was wirklich zu einer folgenreichen Katastrophe geführt hat, sie ist meist das Ergebnis einer besonderen Verkettung von unglücklichen „Zufällen", von denen jeder für sich ohne gravierende Auswirkungen geblieben wäre.

Daraus folgt, Sie und ich und alle anderen Menschen sind mit allem verknüpft. Jede Tat, jedes Wort, jeder Gedanke ist eine Energieform, die sich im ganzen Kosmos auswirkt, am allermeisten und direkt aber auf uns selbst. Das gilt für jede Äußerung der Liebe und des Respekts ebenso wie für jede der Mißachtung und des Hasses.

Und wenn es keine Grenzen gibt, heißt das auch: Alles ist möglich. Wir beschränken das Spektrum unserer Möglichkeiten durch unsere beschränkten und beschränkenden Vorstellungen und können es erweitern, indem wir uns neuen Überlegungen öffnen, neue Prämissen akzeptieren und neue Blickwinkel einnehmen. Da aber alles mit allem verbunden ist, haben auch die Überzeugungen anderer Menschen Einfluß auf uns, sie können uns auf unserem Weg mehr oder weniger unterstützen, uns die Erfüllung eines Traums leichter oder schwerer machen, je nachdem, wie weitreichend wir ihre Autorität anerkennen und ihre Ansichten übernehmen. Das soll nicht heißen, daß die Manifestation Ihrer Gedanken, die Erfüllung Ihrer Wünsche immer gleich leicht ist, aber sehr wohl, daß sie möglich ist. Daß es bisher nicht geschehen ist, heißt nur genau das: Es ist bisher nicht geschehen. Ist Ihnen die Durchführung wichtig genug, wird sich ein Weg finden lassen.

Trennung ist eine nützliche Illusion, wo sie uns hilft, uns der allzu großen Identifikation mit anderen zu entziehen, die Erfahrung anderer nicht als auch für uns verbindlich zu betrachten. Die anderen sind die anderen, sie gestalten sich ihre subjektive Wirklichkeit gemäß ihrer Weltbilder. Soferne wir uns nicht umgekehrt den anderen aufdrängen, uns in ihr Leben einmischen, keine Taten setzen, die andere beeinträchtigen oder schädigen, soferne wir also Liebe und Respekt zu unserer obersten Maxime machen, haben wir auch das Recht, uns nicht mit jedem Schlamassel, in den andere geraten sind, zu beschäftigen. Manchmal muß man sich auch distanzieren, um sich den Blick auf die eigene Rolle und Aufgabe nicht zu verstellen. Um sich nicht zu verzetteln, sondern seine Kraft sinnvoll und zielgerecht einzusetzen.

Sie allein entscheiden, wo Ihre Grenzen sind, welche davon Sie nach wie vor für gültig und nützlich halten. Wo das nicht der Fall ist, lohnt es sich, diese zu überdenken und vielleicht zu verändern, wenn Sie das wollen. Sollten Ihnen die bisherigen Strukturen zwar lästig sein, aber eben noch nicht lästig genug, sollten Sie die vertrauten Muster – aus welchen Gründen auch immer – allen neuen Perspektiven vorziehen – auch gut. So oder so gilt, daß die Auswirkungen Ihres Denkmodells niemanden mehr betreffen als Sie selbst, daß Sie niemanden dadurch beschränken können außer sich selbst und diejenigen, die Ihre Autorität anerkennen. Solange diese sie anerkennen.

MAKIA –
Energie folgt der
Aufmerksamkeit

HAHAI NO KA UA I KA ULULĀ´AU.
Regen folgt immer dem Wald.

Haben Sie schon einmal beobachtet, daß ein zarter Grashalm aus einem festgetretenen Stück Erde oder sogar aus einem feinen Riß im Beton sprießt? Ist Ihnen dabei das Mißverhältnis zwischen der Weichheit der Pflanze und der Härte des Bodens aufgefallen? Was befähigt also so einen sprießenden Keim, sich gegenüber seiner groben Umwelt durchzusetzen? – Seine starke Ausrichtung auf die Sonne, sein unbedingter Wille, zum Licht vorzudringen.

Eine Hummel wiegt etwa 1,2 Gramm und verfügt über 0,7 qcm Flügelfläche. Entsprechend den Gesetzen der Aerodynamik ist es nicht möglich, sich bei dieser Relation zwischen Gewicht und Tragfläche in der Luft zu halten. Davon weiß die Hummel aber nichts und fliegt. Ihr Wunsch, sich fliegend fortzubewegen, ist alles, womit sie sich beschäftigt. Für Ängste und Zweifel gibt es keinen Raum in ihrem Hummelbewußtsein.

Wenn ein kleines Kind laufen lernt, ist seine ganze Aufmerksamkeit auf das Gehen auf zwei Beinen gerichtet. Wie oft auch immer es hinfallen mag, es steht wieder auf und bemüht sich wieder und wieder, bis es endlich klappt: Es kann frei gehen und hat sich damit ein Stück Unabhängigkeit von den „Großen" erobert. Niemals, auch nicht nach dem 50. oder 100. gescheiterten Versuch, bezweifelt ein Kleinkind seine Chance, es irgendwann doch zu schaffen. Und es behält recht.

Was ich mit diesen kleinen Geschichten demonstrieren möchte, ist klar: **Die konzentrierte Aufmerksamkeit, die ungeteilte Ausrichtung auf ein Ziel trägt zu dessen Realisierung bei.** Unsere Gedanken sind eine Energieform, die sich sogar in meßbaren Gehirnströmen darstellen läßt. Und wie ein anderer Mensch wirklich über Sie oder ein gemeinsames Projekt denkt, haben Sie sicher schon gespürt, vor allem dann, wenn diese Ansichten im Widerspruch zur laut geäußerten Meinung standen. Sie haben also mentale Energie wahrgenommen.

KAHUNAS gehen ganz allgemein davon aus, daß alle unsere Intentionen und Bewertungen als Gedankenformen im Kosmos vorhanden sind, daß es keinen prinzipiellen Unterschied bezüglich der Wirksamkeit von Gedanken, Gefühlen, Worten oder Taten gibt. Daß Gedanken „zollfrei" seien, daß sie keine Rolle spielen, würde jeder Schamane verneinen. Ganz im Gegenteil, aus schamanischer Sicht sind sie ein enormes Potential, mit dem wir kundig und verantwortungsvoll umzugehen haben.

Und diese Kraft fließt dorthin, wo der Fokus unserer Aufmerksamkeit liegt. Das heißt, Sie nähren mit Ihrer mentalen Energie das, woran Sie denken, womit Sie sich beschäftigen. Wenn das etwas ist, was Sie sich keinesfalls wünschen, was Sie fürchten oder ablehnen, stärken Sie genau das und unterstützen seine Manifestation in der alltäglichen Wirklichkeit, was Sie doch eigentlich verhindern möchten. Kritik verstärkt den kritisierten Zustand, soferne man sich auf das Kritisieren

beschränkt und keine konstruktiven Schlußfolgerungen aus den unliebsamen Feststellungen zieht.

Ebenso unterstützen Sie natürlich mit Ihrer Gedankenkraft auch die Anliegen, denen Sie im konstruktiven Sinn Ihre Aufmerksamkeit widmen. Ihre gebündelte Energie kommt ihnen zugute. Daher macht es Sinn, so wenig wie möglich an das zu denken, was Ihnen mißfällt, und sich so viel wie möglich mit dem zu befassen, was Sie ehrlich schätzen und anerkennen können.

Bei allen Themen, Projekten oder Personen, die auf Sie zukommen, können Sie sich überlegen, ob Sie den für Sie unerfreulichen Aspekt verändern können oder nicht. Kommen Sie zu dem Schluß, daß Sie durchaus imstande sind, anders an die Ereignisse heranzugehen, Ihren Anteil am Ganzen zu verändern, dann empfiehlt es sich, das zu tun. Trauen Sie sich das aber nicht zu, halten Sie die Vorgänge in Ihrer Umwelt für unabänderlich, steht es Ihnen immer noch frei, Ihre Einstellung zu ihnen zu verändern oder Ihre Aufmerksamkeit ganz bewußt abzuziehen. Dadurch schwächen Sie die Wirkung, die der – zu Recht oder Unrecht – kritisierte Umstand auf Sie haben kann.

Niemals würde Ihnen ein KAHUNA bestätigen, daß Sie das Opfer irgendwelcher durch Sie unbeeinflußbarer Fakten und Strukturen sind. Was auch immer Ihnen begegnet, hat eben auch mit Ihnen zu tun, und sei es nur als – vielleicht unbewußt herbeigeführte – Lernerfahrung. Und selbst wenn dem nicht so ist, wenn Sie es vorziehen, Ihre Umgebung als unabhängig von Ihnen zu betrachten, liegt es an Ihnen, wieviel Raum Sie dem Hadern damit geben, ob Sie gerne und exzessiv daran leiden wollen oder nicht.

Jeder Mensch ist ein machtvolles Wesen, das sich seine Befindlichkeit im Hier und Jetzt aufgrund seiner Denkmuster erschafft, daran führt in HUNA kein Weg vorbei.

Kurz, denken Sie an das, was Sie wollen, und nicht an das, was Sie nicht mögen. Oder beschäftigen Sie sich mit Letzterem nur so viel, wie Sie benötigen, um zu Lösungsansätzen zu finden. Alles andere ist Vergeudung eines kostbaren Gutes, Ihrer geistigen Kraft, und wirkt sich hinderlich und schädigend in Ihrer alltäglichen Wirklichkeit aus.

Das gilt selbstverständlich auch für alles, was Sie an sich selbst bemerken und entweder ablehnen oder anerkennen. Je mehr Sie sich dafür geißeln, daß Sie – in Ihrem Beruf beispielsweise – etwas falsch gemacht oder falsch eingeschätzt haben, desto größer wird die Bedeutung dieses Fehlers auch im Bewußtsein Ihrer Kollegen und Mitarbeiter. Damit ist nun nicht gemeint, daß Sie sich die Welt und Ihre professionelle Kompetenz schönfärben sollen, nein, keineswegs. Das würde Sie nur daran hindern, aus bestimmten Erfahrungen zu lernen. Aber es ist durchaus angemessen, die Vergangenheit als vergangen zu betrachten und die schmerzliche Erkenntnis nicht immer wieder neu zu beleben. Wenn Sie eingestehen können, daß etwas zwar nicht nach Wunsch gelaufen ist, daß damit aber niemals alles ein für alle Mal schiefgegangen ist oder schiefgehen wird, daß manchmal aus den seltsamsten Konstellationen neue positive Entwicklungen entstehen können, daß Sie damit vielleicht ein besonderes Abenteuer kreiert haben und daß daraus gar nichts Prinzipielles über Sie und Ihre Fähigkeiten abzuleiten ist, machen Sie eine neue Türe auf, hinter der sich ein neuer, wunderbarer Raum auftun kann. Ihnen selbst muß klar sein, daß Sie über ein weit größeres Spektrum an Möglichkeiten verfügen, als im Einzelfall zum Tragen gekommen sein kann. Sie selbst müssen sich vorstellen können, daß Sie in Zukunft richtig entscheiden, nichts übersehen und großartige Ideen einbringen werden. Damit erhöhen Sie die Wahrscheinlichkeit Ihrer weiterer Erfolge um ein Vielfaches, Sie stärken Ihr eigenes Selbstwertgefühl, verbessern aber auch den Eindruck, den andere von Ihnen haben.

Außenwelt spiegelt Innenwelt. Sie machen die Erfahrungen und strahlen das aus, was Ihrer inneren Einstellung zu sich selbst und der Welt, in der Sie leben, entspricht. KAHUNAS unterscheiden sich vielleicht insofern von anderen Persönlichkeitsbildnern, daß sie davon überzeugt sind, daß nur das funktioniert, wovon sie ehrlich überzeugt sind, daß es nicht möglich ist, sein eigenes Unbewußtes auszutricksen, und daß der Körper nicht lügt.

Liegt Ihnen ein Projekt wirklich am Herzen, ist es Ihnen ganz wichtig, damit erfolgreich zu sein, dann ist es unerläßlich, daß Sie Ihre Kraft darauf konzentrieren und sich nicht verwirren lassen. Daß sich andere Leute die Umsetzung noch nicht vorstellen können, ist deren Problem und nicht Ihr Thema. Oder höchstens insofern, als eben die Überzeugungen der anderen eine mehr oder weniger hilfreiche Energie einbringen. Sie können aber nichts, was Sie zum Zentrum Ihrer Aufmerksamkeit machen, gänzlich verhindern, sondern Sie nur dazu veranlassen, andere Wege und Möglichkeiten der Durchführung ausfindig zu machen.

Alle großen Entdecker und Erfinder haben an etwas geglaubt, was von der Mehrzahl ihrer Zeitgenossen angezweifelt oder bekämpft worden ist, und sich nicht beirren lassen. Wenn niemand die Technik des Aufkehrens mittels Besen je in Frage gestellt hätte, würden wir heute keine Staubsauger benützen. Und würde die Sehnsucht der Menschen zu fliegen noch immer für gotteslästerlich gehalten werden, gäbe es keine Flugzeuge. Zur Zeit Leonardo da Vincis war dieses einschränkende Denkmodell noch so stark, die unbotmäßige Beschäftigung mit Dingen, die nach Ansicht des Klerus nicht sein durften, so gefährlich, daß keine seiner Flugmaschinen sich je vom Boden erhoben hat. Die Interpretation, daß Leonardo über zu wenig technisches Know-how und keine geeigneten Materialien verfügt hat, ist nicht unbedingt überzeugend. Schließlich können sich heutzutage, wo das In-die-Luft-Gehen ganz alltäglich geworden ist, auch die einfachsten Konstruktionen in der Luft halten. Ja, die neuesten Entwicklungen im Flugzeugbau beziehen sich auf Experimente mit veränderbaren, nicht mehr starren Tragflächen, wie sie Leonardo schon geplant hatte. Er war aus heutiger Sicht ganz modern, hat unsere Technologien bereits vorgedacht. „HUNA-mäßig" könnte ich also annehmen, daß Leonardos Unbewußtes von der Haltung der Obrigkeit so beeindruckt war, daß es ihn keine geeigneteren konstruktiven Details hat finden lassen. Immerhin schwebte man zur Zeit der Renaissance noch in Todesgefahr, wenn man sich mit derart „teuflischen" Dingen einließ.

Da aus schamanischer Sicht alles möglich ist, müßte also alles, wofür Sie sich mit ganzer Kraft engagieren, auch gelingen, sofern nicht wesentliche Interessen anderer Wesen dagegenstehen. Trotzdem haben Sie vielleicht schon die Erfahrung gemacht, daß Sie mit einem Projekt, das Sie guten Gewissens und voll Respekt für Ihre Umgebung betrieben haben, nicht weitergekommen sind. Auch dafür haben KAHUNAS eine Erklärung:

Wann auch immer etwas, worauf Sie Ihre bewußten Gedanken konzentriert haben, sich in der materiellen Welt nicht hat umsetzen lassen, gibt es in Ihrem Unbewußten etwas, was dem zuwiderläuft. Dann stehen unbewußte Erwartungen oder Befürchtungen im Gegensatz zu dem, was Sie willentlich und bewußt anstreben.

Da diese Ideen und Sichtweisen unbewußt sind, wissen Sie logischerweise nichts davon. Was aber deren Wirkung und Bedeutung nicht verringert, es kann sich dabei viel mehr um ganz wichtige, förmlich mit der Muttermilch eingesogene Grundsätze oder früh übernommene Vorgangsweisen handeln, die man bisher noch nie hinterfragt hat. Es ist sogar sehr wahrscheinlich, daß deren Wurzeln bis in die Kindheit reichen und damals direkt oder indirekt notwendig und hilfreich waren. Direkt, indem sie einem Kleinkind dazu gedient haben, sich in der Welt der Erwachsenen zurechtzufinden, und indirekt, indem sie das Kind mit den Erwachsenen verbündet haben, ihm die Gewißheit gaben, daß es „richtig" und daher liebenswert und erwünscht ist. Für ein Baby ist es existentiell bedrohlich, von seiner Bezugsperson abgelehnt zu werden, es ist ja in all seinen Bedürfnissen von dieser abhängig. Also ist es ganz wichtig, sich der Zuneigung dieser Person zu versichern, auch indem man ihre Vorstellungen und Werte übernimmt. Ist das nachvollziehbar?

Wenn nun ein Erwachsener dem nie nachgespürt hat, kann es ohne weiteres sein, daß in den tiefen Schichten seines frühkindlich geprägten Unbewußten Glaubenssätze gespeichert sind, die ihm im Hier und Jetzt weder helfen noch nützen, eigentlich zu der heutigen Lebenssituation gar nicht mehr passen. **Betrachten Sie solche Muster als eine Art Programmierung, nicht als unveränderlich eingebrannte Struktur. Schließlich ist**

74

doch alles möglich, sofern Sie es sich vorstellen können, nicht wahr? Und ebenso wie Sie heute mit Ihrem Computer umgehen, können Sie das auch mit Ihrem Bewußtseinsspeicher tun: Löschen Sie Programme, die Sie nicht mehr brauchen, und aktivieren Sie neue, die Sie bewußt gewählt haben, weil Sie sie für zielführend und nützlich halten. Es gibt keine Grenzen, und „nix ist fix". Darüber mehr im Kapitel über „Vergangenheit verändern und Zukunft gestalten".

Im Moment geht es mir nur darum, Ihnen deutlich zu machen, wieviel Sie mit Ihrer mentalen Energie bewirken können, vor allem dann, wenn Sie sie bewußt, gezielt und konstruktiv einsetzen. Für Ihre Gedankenkraft gilt dasselbe wie für andere Energiequellen, wie Sie schon im Physikunterricht gehört haben: Energie verschwindet nicht, sie kann aber verwandelt werden. Und da alles im Kosmos Energie ist, auch die Materie, ist es durchaus konsequent, einen Zusammenhang zwischen dem Denken und den alltäglichen Erfahrungen und Befindlichkeiten einer Person herzustellen.

Von Mal zu Mal werden Sie sich leichter damit tun, den positiven Effekt Ihrer bewußt gelenkten mentalen Energie wahrzunehmen. Ihr Vertrauen in Ihre Fähigkeiten wird zunehmen, und allmählich wird sich eine Art mentaler Automatik einstellen. Solange die sich aber noch nicht eingestellt hat, ziehen Sie einfach, sooft Sie sich selbst bei destruktiven Gedanken ertappen, absichtlich und bewußt die Aufmerksamkeit von diesen ab und lenken Sie sie auf etwas, was ganz klar Ihren Werten, Wünschen und Intentionen entspricht. Und wenn das innerhalb des gleichen Themenkreises nicht gelingt, dann wählen Sie eben etwas anderes als Fokus. Wichtig ist nur, daß es etwas ist, was Sie ohne Einschränkung schätzen und anerkennen: ein zauberhaftes Bild, das Foto eines geliebten Menschen, ein schöner

Stein, Ihre neue Uhr, was auch immer. Es geht dabei nicht darum, etwas besonders Bedeutungsvolles anzuvisieren, es geht nur um das bewußte Erstellen einer bestimmten Art von Energie und um das Transformieren überholter gedanklicher Strukturen.

Wichtig ist aber auch, daß Sie die Verantwortung für Ihre Denkmuster übernehmen und nicht länger davon ausgehen, daß Ihre Befürchtungen und Zweifel von einer höheren Instanz gelenkt werden und aus unerfindlichen Gründen über Sie hereinbrechen. All das ist Ihre Kreation! Und das Anerkennen dessen versetzt Sie in die glückliche Lage, diese Ihre Kreation auch so lange umzugestalten, bis Sie mit ihr zufrieden sind. Niemand kann darüber besser befinden als Sie selbst. Niemand weiß besser als Sie selbst, welche Vorstellungen sich für Sie gut, wohltuend und begeisternd anfühlen. Es ist Ihr Leben, Ihr Kopf und Ihr Weltbild, um die es hier geht. Wer sonst sollte darüber entscheiden, worauf Ihre Gedanken gerichtet sein sollen, dürfen oder können?

Der Vollständigkeit halber sei noch erwähnt, daß das dritte HUNA-Prinzip auch verkehrt herum stimmt: Aufmerksamkeit folgt der Energie. Alles besonders Helle, Glänzende oder Laute zieht unsere Aufmerksamkeit an. Das gilt auch für Menschen mit einer starken, charismatischen Ausstrahlung, die die Blicke auf sich ziehen, egal, wo sie auftauchen und was sie gerade tun.

In schamanischen Traditionen spielen Orte der Kraft, Plätze mit einer besonderen, spürbaren Energie eine Rolle, wobei deren Energiefeld natürlich oder auch durch menschliche Ritualarbeit erzeugt sein kann. Zu den natürlichen Kraftplätzen gehören Gebiete mit hoher

seismischer Aktivität, Bergspitzen, Höhlen, Wasserfälle oder ungewöhnliche Felsformationen, und zu den von Menschen erschaffenen alle Kultplätze, Tempel und Kirchen, heiligen Haine, Pyramiden und Stelen, die ihrerseits meistens ohnehin auf einer speziellen Energiezone errichtet worden sind. Suchen Sie verschiedene solcher Orte auf und spüren Sie in sich hinein, wie Sie sich dort fühlen. Welche Stätten Ihnen gut tun und welche nicht. Sie kommen möglicherweise drauf, daß Sie sich an weiblichen Kultplätzen, in Höhlen oder an ruhigen Gewässern besonders gut entspannen und loslassen können. Wenn das auf Sie zutrifft, dann suchen Sie die aktiven, lebhaften Plätze zu dem Zweck auf, sich wieder aufzuladen, wenn Sie das Gefühl haben, daß Sie müde und kraftlos geworden sind.

Auch der Zeitpunkt wird von Schamanen beachtet, nicht in dem Sinn, daß sie ständig in ihren Terminkalender schauen, sondern im kosmischen Zusammenhang. Wählen Sie für ein schamanisches Ritual ganz bewußt einen besonderen Zeitpunkt, eine Vollmond- oder Neumondnacht, die Winter- oder Sommersonnenwende, die Tagundnachtgleiche, die Zeit vor oder nach einem Gewitter (je nachdem ob Sie die Phase der hohen elektrischen Ladung oder die der Ruhe nach dem Sturm für geeigneter halten), die Wiederkehr Ihres Geburtstags oder was auch immer für Sie bedeutsam ist. Dann wird das Energiefeld, das Sie umgibt, Ihnen bei der Ausrichtung Ihrer Energie helfen und diese noch verstärken.

Und dann warten Sie gelassen ab, was sich in der Materie kraft Ihres magischen Aktes verändert. Sie werden staunen, wie weitgehend Sie Ihr berufliches und privates Umfeld umgestalten können, wenn Sie sich einmal wirklich dazu entschlossen haben.

MANAWA –
Jetzt ist der
Augenblick der Macht

O KA MEA UA HALA, UA HALA IA.
Was vorbei ist, ist vorbei.

KAHUNAS sind sich vollkommen dessen bewußt, daß der einzige Moment, in dem sie wirksam werden können, der gegenwärtige ist. Alles andere ist Fiktion. Weder die Vergangenheit noch die Zukunft sind im Hier und Jetzt anwesend. Was uns in der Gegenwart prägt, ist nicht die Vergangenheit, bestimmte Erlebnisse und Begegnungen, sondern unsere Erinnerung. Und die umfaßt eine subjektive Auswahl aus möglicherweise historischen Fakten, unter einem ganz persönlichen Blickwinkel betrachtet.

Es ist inzwischen gängige Praxis der Psychotherapeuten, die Sichtweise ihrer Klienten bezüglich deren Eltern zu verändern und das Verhältnis zwischen – mittlerweile erwachsenen – Kindern und Eltern dadurch zu entspannen. So werden Väter und Mütter, die man als kleines Kind für übermächtig, ungerecht oder lieblos gehalten hat, zu ganz normalen Menschen, die sich manchmal überfordert fühlten, durch Geldsorgen zermürbt oder in ihrer Partnerschaft unglücklich waren oder einfach nur Kopfschmerzen hatten. Sie werden von ihren Podesten heruntergeholt und als komplexe Personen wahrgenommen, die mit den alltäglichen Anforderungen eben so gut umgegangen sind, wie es ihrem Verständnis entsprach.

Diese Therapeuten helfen dabei, die abgespeicherte Wahrnehmung des Kleinkindes durch die Betrachtungsweise eines Erwachsenen zu ersetzen, der in keiner Weise mehr real von seinen Eltern abhängig ist und sich durchaus schon im Alltag bewährt hat. Sie holen ihre Klienten also in den gegenwärtigen Moment, machen die Situation im Hier und Jetzt bewußt und geben ihnen damit das Werkzeug in die Hand, mit den Familienstrukturen bewußt und angemessen umzugehen. Das Resultat ist in der Regel, daß Erwachsene aus verschiedenen Generationen ab sofort einander durchaus verständnisvoll gegenübertreten und die zwischenmenschlichen Ressourcen nutzen können. Das Erstaunliche für mich ist, daß diese Methoden meistens auf die Psychotherapie beschränkt bleiben, und auch da nur auf begrenzte Bereiche. Wenn eine solche Technik funktioniert, dann tut sie das doch bestimmt auch unter anderen Voraussetzungen.

KAHUNAS sehen dieses Phänomen ganz umfassend, für sie gibt es die Vergangenheit als Realität im gegenwärtigen Augenblick nicht. Was auf uns wirkt, was unsere Befindlichkeit beeinflußt, ist nicht die Vergangenheit als objektives Faktum, sondern es sind unsere heutigen Entscheidungen und Überzeugungen in bezug auf das, was wir Vergangenheit nennen.

Akzeptieren Sie, daß Ihnen aufgrund von angeborenen Talenten, von Ausbildung und Arbeitsmarkt gewisse Möglichkeiten offenstehen und andere nicht, haben Sie sich hier und jetzt gerade von neuem dafür entschieden, starre Begrenzungen aufrechtzuerhalten (KALA). Stellen Sie aber nur fest, daß es in Ihrer Erinnerung das eine oder andere Erlebnis gibt – ohne es zu bewerten –, daß aber niemand Sie hindern kann, ganz neue Zugänge zu dem, was für Sie erstrebenswert ist, zu finden, geht es Ihnen nicht nur subjektiv besser, sondern Sie haben auch die Manifestation dieser Gedanken gefördert.

Erinnern Sie sich, was ich Ihnen über den großen Pool von Geninformationen erzählt habe? Das Genom enthält quasi die Rezepturen für den Aufbau bestimmter Aminosäuren und Zellen. Welche Teile davon Ihnen wichtig und attraktiv vorkommen, entscheiden Sie. Daß irgendetwas bisher so war oder stattgefunden hat, hat nichts für diesen Augenblick und Ihre weitere Zukunft zu bedeuten. Das geht so weit, daß hawaiianische Schamanen sogar davon überzeugt sind, wir bräuchten keine Narben zu haben. Wenn es stimmt, daß alle Körperzellen ständig ausgetauscht werden, daß sich unsere Haut zum Beispiel in 4-6 Wochen komplett regeneriert, ist damit eigentlich kein Grund vorhanden, verletzte Körperzellen durch neue beeinträchtigte zu ersetzen. In jeder unserer Zellen gibt es den kompletten Bauplan unseres Körpers, was hindert uns also, eine Verletzung spurlos auszuheilen? Nur die Erinnerung, die wie ein Programm in die Zellerneuerung eingreift.

Im Kapitel „Vergangenheit verändern und Zukunft gestalten" erkläre ich Ihnen dann genauer, wie KAHUNAS die Wirkung dieser Programme und ihre mögliche Veränderung begründen. Für jetzt möchte ich Ihnen nur sagen, daß es nichts aus Ihrer bisherigen Lebenserfahrung gibt, was Sie weiterhin anwenden und umsetzen müssen – es sei denn, Sie wollen das so!

Wie wenig verbindlich Vergangenheit ist, erfahren wir zum Beispiel, wenn aufgrund politischer Veränderungen Geschichtsbücher umgeschrieben werden, aber auch mit jedem neuen archäologischen Befund.

Sehr vieles, was Sie noch in der Schule gelernt haben, entspricht heute keineswegs mehr der Lehrmeinung. Wahr ist, daß auch die klügsten Geister niemals über lückenlose Informationen in bezug auf vergangene Zeiten verfügen, daß auch sie Menschen mit vorgefaßten Meinungen und fixen Vorstellungen sind, die sich in ihrer Arbeit mehrfach auswirken: einerseits durch die Auswahl der Kriterien, die auf ein Wissensgebiet angewendet werden, durch die Art der Fragestellung und andererseits durch die Zuordnung und Interpretation der Ergebnisse.

Als ich mich einmal anläßlich eines Vortrags, den ich im Übersee-Museum hielt, in Bremen aufhielt, führte mich ein Ethnologe durch die Sammlung und zeigte mir einen hölzernen Reifen, der mit dünnen Lederschnüren bespannt war. Bis zur Neuordnung der Bestände hatte dieses Objekt als Musikinstrument gegolten, als eine Art primitiver Leier, inzwischen war es in der Abteilung für Schneeschuhe gelandet. Alles offensichtlich eine Frage der Betrachtung.

Als junge Archäologen in der Steiermark ein Kindergrab aus der Hallstatt-Zeit freilegten, fanden sie neben dem Skelett eine Pfeilspitze. Sie waren sehr gespannt auf die Analyse der Knochen, weil sie Aufschluß darüber haben wollten, ob es das Skelett eines Mädchens oder eines Knaben war. „Warum?" fragte ich sie. „Was ändert sich dadurch?" „Naja, wenn das hier das Grab eines Knaben ist, ist die Pfeilspitze eine Grabbeigabe. Ist es aber ein Mädchengrab, muß die Pfeilspitze versehentlich hineingeraten sein", meinten sie. Kein Kommentar.

Glauben Sie nicht, daß das unrühmliche Ausnahmen sind, das ist wissenschaftlicher Alltag. Es bleiben nur darum so viele Ergebnisse unangefochten, weil es kaum jemals Geld dafür gibt, etwas einmal Erforschtes wieder und wieder zu überprüfen, und weil viele Forscher sich im Einvernehmen mit einem hierzulande allgemein anerkannten Weltbild befinden, es also wenig Interesse gibt, etwas „Wissenschaftliches" zu hinterfragen. Daraus können Sie jederzeit und mit gutem Grund den Schluß ziehen, daß es Ihnen zusteht, alle Dinge und Ereignisse selbst zu bewerten und sie Ihrem Gefühl nach für „wahr" oder „unwahr", für verbindlich oder nicht zu halten. Vorbehaltlich der „Spielregeln" natürlich, soferne Sie mit anderen zusammen spielen wollen.

Wenn Sie die Verantwortung für sich und Ihr Erleben übernehmen, haben Sie auch die Zuständigkeit für Ihre Vorstellungen von Vergangenheit und Zukunft und deren Wirkung auf Sie im Hier und Jetzt. Vorstellungen sind eben nur Vorstellungen, also nicht unumstößlich, haben aber unmittelbare Wirkung auf Ihre körperliche und seelische Verfassung im gegenwärtigen Moment, auf das, was Sie sich zutrauen, woran Sie Ihre Leistung messen, welche Lösungen Sie finden, wie Sie mit Mitarbeitern umgehen, womit Ihr Geist beschäftigt ist und wieviel von Ihrem Energiepotential Ihnen für eine Aufgabe frei zur Verfügung steht.

Je mehr Sie Ihre Kraft an den Umgang mit Wut, Groll oder Kränkung binden, sich also mit Ihrem Bewußtsein besonders in der Vergangenheit befinden und diese negativ bewerten, und je mehr Sie sich mit Zukunftsängsten und Sorgen befassen, also vor allem auf Zukünftiges konzentriert sind, umso weniger können Sie im Hier und Jetzt wirksam werden. Auch Ideen wie „Früher war alles besser", Tagträumen und eine übersteigerte Ichbezogenheit vermindern Ihre Effektivität in der Gegenwart.

Haben Sie also herausgefunden, daß Sie sich durch das Beschäftigen mit unerfreulichen Erinnerungen oder Projektionen selbst beschränken, steht es Ihnen vollkommen frei, diese sofort zu verändern. Das muß kein langwieriger, quälender Prozeß sein – es sei denn, Sie bestehen darauf, daß er so ablaufen muß, weil alles, was nicht lange dauert, schwer fällt, weh tut oder zumindest schlecht schmeckt, nichts wert ist und nichts hilft. Ich behaupte aber, auch das ist nur ein Denkmuster, das Sie natürlich ohne weiteres beibehalten können, soferne es Ihnen besser gefällt.

Wenn Sie Ihrer bisherigen Strategien überdrüssig und wirklich neugierig auf die bisher ungehobenen Schätze Ihres Geistes sind, dann beschließen Sie auf der Stelle ein neues Denkmuster, eine neue Einstellung zu Bereichen Ihres Alltags, Ihres privaten und beruflichen Lebens. Das ist das ganze Geheimnis!

Wenn stimmt, was Physiker sagen, wenn die Energiepotentiale subatomarer Teilchen durch das anwesende Bewußtsein definiert werden, wir also auch unsere physische Wirklichkeit immer wieder neu bestimmen, dann können Sie durch Ihre Entscheidung für eine neue Sichtweise sofort Auswirkungen in Ihrer alltäglichen Umwelt bewirken. Sie verändern durch Ihre neuen Denkmuster direkt Ihre äußeren Lebensumstände, wenn Sie sich das vorstellen können. Ich habe das schon oft erlebt: Da sind plötzlich Finanzierungen möglich geworden, es haben sich geeignete Geschäftspartner eingestellt oder gegnerische Anwälte als durchaus kooperativ erwiesen, Konflikte waren über Nacht planiert und der verschwundene Akt auch gefunden. Und das, wohl gemerkt, ohne daß auf der materiellen Ebene agiert worden ist. Nur aufgrund eines neuen inneren Programms.

Kennen Sie die Geschichte von Schrödingers Katze? Der Physiker Erwin Schrödinger hatte gemeint, das einzige, was man bei diesem Gedankenexperiment wissen könne, sei, daß eine Katze lebend in eine feste Box hineingesetzt worden sei. In welchem Zustand sie sich in der Zwischenzeit drinnen befinde, ob sie noch lebe oder nicht, sei nicht zu belegen. Sicher könne man es erst wissen, wenn man die Box wieder geöffnet habe. Und selbst dann könne man nur über den nunmehrigen Zustand befinden, alle Rückschlüsse blieben strenggenommen Spekulation.

Wenn Sie diese gedankliche Spielerei auf Ihre beruflichen und privaten Themen anwenden, können Sie zwar davon ausgehen, daß neulich zwar eine hitzige Auseinandersetzung stattgefunden hat, daß es aber keine Gewißheit darüber gibt, daß der Konflikt zum gegenwärtigen Zeitpunkt noch schwelt. Es sei denn, Sie beleben Ihre Erinnerung immer wieder und kreieren den Streit dadurch neu. Versöhnen Sie sich aber mental mit Ihrem Widerpart, lassen Sie die Vorstellung zu, daß er auch seinerseits inzwischen zu einer kompromißbereiten Haltung gefunden hat, ändert sich Ihre innere Verfassung augenblicklich und einer Einigung steht nichts mehr im Wege. Schließlich hat auch der andere nur gemäß seiner Denkmuster gehandelt, und andere als die Ihnen entsprechenden zu haben, steht ihm zu.

Im selben Maß, in dem Sie Veränderungen in Ihrer Einstellung zu anderen zulassen können, machen Sie diese Umstimmung auch bei anderen möglich. Achten Sie also auf das Hier und Jetzt und perpetuieren Sie keine alten Denkstrukturen, sofern sich diese nicht gut, liebe- und respektvoll anfühlen. Es liegt an Ihnen, ob Sie jeden neuen Tag als einen voll der angenehmsten Überraschungen begrüßen oder ob Sie von vornherein beschließen, er werde höchstwahrscheinlich genauso unerquicklich wie die bisherigen verlaufen. Mit Ihren Entscheidungen und Beurteilungen gestalten Sie sich Ihre Erlebnisse, determinieren Sie sie bereits im voraus. Sie organisieren sich einen bestimmten Raster in Ihrer Wahrnehmung, der ausfiltert, was nicht in ihn hineinpaßt.

Sie müssen sich niemals damit abfinden, daß eine Unternehmung schlecht gelaufen ist, daß Sie oder Ihre Mitarbeiter etwas übersehen oder falsch eingeschätzt haben und daß Sie darum mit geschäftlichen Nachteilen zu rechnen haben. Sie können im gegenwärtigen Moment eine neue Sicht der Dinge beschließen, können sich zubilligen, daß Sie intuitiv das Richtige getan haben, auch wenn Sie das noch nicht rational begründen können, und damit die Weichen für eine ganz neue, erfolgsträchtige weitere Entwicklung stellen. Damit öffnen Sie eine imaginäre Türe, hinter der sich ein bisher ungenutztes Spektrum an Möglichkeiten erschließt.

Dabei geht es nicht darum, sich die Welt schönzulügen, sich etwas vorzumachen, es geht nicht um falsch verstandenes „Positive Thinking". Nein, es geht um die Anerkennung des Problems im Hier und Jetzt – in dem Wissen, daß es jederzeit veränderbar ist. Ohne diese Anerkennung, daß etwas schlecht gelaufen ist, daß Sie in einem Dilemma stecken, könnten Sie dieses niemals auflösen. Wie sollte man ein Problem lösen, das man gar nicht hat?

Es gibt ein Sprichwort, das besagt, daß nichts so schlecht sei, daß es nicht auch für irgendetwas gut sein könne. Und das trifft genau den Punkt. Indem Sie sich bewußt dafür entscheiden, Ihre Aufmerksamkeit vom Mißlungenen abzuziehen und auf das zu lenken, was sich nun an unerwarteten konstruktiven Aspekten erschließen lasse, gestalten Sie grundlegend um, was aus der momentanen Situation werden kann. Wie Sie die erinnerten Umstände und Ereignisse in der Gegenwart bewerten, bestimmt darüber, welchen Einfluß diese weiterhin haben werden. Auf Sie selbst und sogar auf andere, weil ja alles mit allem verbunden ist und weil andere Ihre Autorität anerkennen.

Wobei der Begriff „Jetzt" im schamanischen Umgang relativ gesehen wird. „Jetzt" – das ist die Zeitspanne, auf ein bestimmtes Thema bezogen, in der Sie wirksam werden können. Wenn ich zum Beispiel sage, ich schreibe „jetzt" mein drittes Buch, umfaßt dieses „Jetzt" sogar einen Zeitraum von einigen Monaten, da ich sowohl auf den Text, der bereits auf der Festplatte meines Computers gespeichert ist, als natürlich auch auf den, den ich erst eingeben werde, Einfluß habe. „Jetzt" heißt nur auf das Buch bezogen „von der ersten Zeile bis zur letzten". Der Bereich der Wirksamkeit ist also für jede Situation, für jedes Projekt extra zu definieren.

Die gedankliche Beschäftigung mit der Vergangenheit, beziehungsweise Erinnerung hat nur dann Sinn, wenn Sie entweder konstruktive Schlüsse daraus ziehen, indem Sie zu neuen Vorgangsweisen finden, weil sich die bisherigen nicht bewährt haben, oder indem Sie sich in der Erinnerung in ein Lebensgefühl einklinken, das Ihnen Kraft und Mut für heute gibt. So können Sie in der Gewißheit, daß Sie schon öfter brenzlige Situationen gemeistert haben oder daß schon früher unerwartete Unterstützung eingetroffen ist, Ihr Selbstwertgefühl und Ihr Vertrauen in Ihren Weg, Ihr Schicksal stärken. Wenn es damals funktioniert hat, obwohl sich

das niemand vorstellen konnte, warum sollte es dann nicht wieder gelingen? Alles ist möglich.

Dasselbe gilt natürlich auch für alle Zukunftsperspektiven. Sooft sich eine unliebsame oder erschreckende Vision einstellt, machen Sie sich selbst klar, daß es sich dabei um eine Fiktion handelt. Beschäftigen Sie sich nur insoweit damit, als Sie daraus nützliche Erkenntnisse für Ihre jetzige Situation ableiten können. Alles, was Sie für schrecklich, aber unabänderlich halten, hat schon im gegenwärtigen Augenblick destruktive Wirkung auf Sie. Das hilft Ihnen weder bei der Bewältigung Ihres Heute, noch stärkt es Sie für morgen. Der Fokus Ihrer Befürchtungen ist im Hier und Jetzt nur insoweit real, als Sie ihn für real und wahrscheinlich halten. Selbst wenn Sie recht behielten, wäre es völlig sinnlos, sich schon jetzt schlecht und geschwächt zu fühlen, weil irgendwann schlechte Zeiten anbrechen könnten. Das verhindert unter Garantie, daß Sie Ihre Ressourcen erschließen und das Abenteuer des heutigen Tages gut bestehen.

Wenn also eine für Sie unerquickliche Vorstellung auftaucht, haben Sie grundsätzlich zwei Möglichkeiten der Einschätzung: Sie halten die erwartete Situation für – durch Sie – veränderbar oder nicht. Trifft Letzteres zu, kann ich Ihnen nur raten, vergessen Sie sie sofort, beschäftigen Sie sich mit etwas anderem, denken Sie an etwas, was Sie eindeutig schätzen und anerkennen und behalten Sie damit Ihre Kompetenz, Handlungsfähigkeit und Lebenslust im Jetzt.

Halten Sie aber die sich anbahnende Geschichte für beeinflußbar, dann tun Sie genau das, nehmen Sie Ihre Kraft und Verantwortung

wahr und handeln Sie danach. Stellen Sie die Weichen um, indem Sie im gegenwärtigen Moment Ihre Einstellung, Ihre Denkmuster und alle daraus resultierenden Aktivitäten verändern. Sie entscheiden über Ihre Zukunft, über Ihre Möglichkeiten, mit den Begegnungen und Umständen, die auf Sie zukommen, fertigzuwerden, sie zu transformieren und zum Besten zu wenden, in jedem Moment von neuem.

Kürzlich hatte ich eine Diskussion mit einem Beamten einer Baubehörde, der auf Konfrontationskurs mit einem jüngeren, weit weniger erfahrenen Vorgesetzen gegangen war. Der hatte entsprechend reagiert und – wie sollte es anders sein – auch einen Fehler seines Untergebenen herausgefunden, ihm einen Verweis erteilen und ihn mit einer Geldstrafe belegen lassen. Die Sache war insofern nicht ganz eindeutig, daß der Mitarbeiter, mein Gesprächspartner, sich dem jahrelang geduldeten Usus entsprechend verhalten hatte und eine Unterschrift nur deshalb nicht gekriegt hatte, weil der zuständige Amtsrat gerade krank war. Inzwischen hatten sich die Fronten so verhärtet, daß die Angelegenheit schon fast vor Gericht gelandet wäre. Dort hätte der untergebene Beamte das Verfahren wahrscheinlich gewonnen, aber um welchen Preis? Wie hätte die weitere Zusammenarbeit aussehen sollen? Würde der Verlierer nicht alles tun, um in Zukunft nachzuweisen, daß sein weisungsgebundener Mitarbeiter zu Unrecht gewonnen hatte?

Die Lösung bestand darin, die Denkmuster, die zu der verfahrenen Situation beigetragen hatten, zu verändern, im Hier und Jetzt die Weichen umzustellen, sich Vorstellungen davon zu machen, wie ein neuerliches Gespräch doch zur Verständigung führen könnte, und die eigene

Einstellung diesem Vorgesetzten gegenüber umzudrehen, ihn für das zu respektieren, was er gut gemacht hatte, und ihm zuzugestehen, daß er in eine schwierig handzuhabende Struktur hineingeraten war. Das heißt, es ging darum, die Erinnerung neu zu bewerten, den „Neuen" nicht abzuwerten, sondern ihn auch mit seinen Schwächen anzuerkennen, und die Zukunft umzugestalten, indem man sich andere Fiktionen, nämlich erstrebenswerte und erwünschte, kreiert. Das alles geschieht im gegenwärtigen Moment auf mentaler Ebene. Dadurch verändert sich augenblicklich das Verhältnis der beiden Konfliktpartner zueinander. Auch wenn diese Uminterpretation nur von einem durchgeführt wird, nimmt der andere die veränderte Energie wahr und reagiert darauf. Es eröffnen sich sofort andere Perspektiven für die gemeinsame Zukunft.

Unterhaltsam ist dabei immer wieder, wieviel Unterstützung auch der Kosmos beisteuert, wenn jemand richtig unterwegs ist. Unmittelbar nach der konstruktiven Entscheidung des gerügten Beamten setzten heftige Unwetter ein, es gab Überschwemmungen, die seinen Einsatz auch am Wochenende landauf, landab notwendig machten. Er bekam für seine kundige und umsichtige Arbeit viel Anerkennung, was natürlich auch bis zu seinem Chef vordrang. Und mit diesem Glorienschein erschien unser Held beim nächsten Gesprächstermin, womit das Problem eigentlich aus der Welt geschafft war. Nun wurden nur noch Prozeduren absolviert, die dazu dienlich waren, beide Kampfhähne das Gesicht wahren zu lassen. Ende gut, alles gut.

„Jetzt ist der Augenblick der Macht" heißt auch, daß Sie umso mehr Kraft haben, je mehr Ihre Aufmerksamkeit auf die Gegenwart ausgerichtet ist. Je weniger Sie sich mit Ärger und Ängsten blockieren, je weniger Sie sich mit negativen Emotionen, die sich auf die Fiktion von Vergangenheit oder Zukunft beziehen, befassen, umso eher sind Sie im Vollbesitz Ihrer Möglichkeiten auf allen Ebenen, den materiellen wie den immateriellen. Umso eher haben Sie Zugang zu Ihrer Intuition und Inspiration und zu neuen Ideen und Lösungen. Und umso förderlicher wirkt sich das auch auf Ihren körperlichen Zustand aus. Streß bewirkt Verspannungen und verhindert den Fluß der Energie auch im Körper, was auf die Dauer zu Krankheiten führen kann. Die bewußte Ausrichtung auf den gegenwärtigen Moment schärft Ihre sensorische Wahrnehmmung und entspannt. Es geht Ihnen rundherum gut damit. Sie agieren aus der Fülle Ihres Potentials und werden selbst überrascht sein, was sich daraus alles an erfreulichen Entwicklungen ergibt.

ALOHA –
Lieben heißt glücklich sein mit ...

UA OLA LOKI I KE ALOHA.
Liebe bringt in alles Leben hinein.

Dieser Satz hat mich sehr bewegt, als ich begann, mich ernstlich damit zu beschäftigen. **Er bedeutet nach Auffassung der KAHUNAS, daß nur das unter Liebe zu verstehen ist, was Freude bei allen Beteiligten vermehrt. Alles andere ist etwas anderes.** So kann eine Beziehung zwischen zwei Menschen eine Vielzahl von Facetten haben, die sich mehr oder minder befriedigend auswirken, aber Liebe ist aus hawaiianischer Sicht eindeutig nicht mit Begriffen wie „Leid" und „Schmerz" verknüpft.

Lieben heißt „Freude vermehren" und nicht „unter Druck setzen, umerziehen, umklammern, bespitzeln, sich bedienen lassen, festhalten, unterdrücken, sich abhängig machen, erpressen" und ähnliches. Folglich sind die Anzeichen dafür weder Schlaflosigkeit, Magensausen oder zittrige Knie, noch Herzklopfen oder Schweißausbrüche. Lieben heißt glücklich sein, Unglücklichsein resultiert aus Angst, Wut und Zweifel: aus der Angst, den Ansprüchen des Partners nicht genügen zu können, vernachlässigt oder verlassen zu werden, nicht schön, gescheit, wichtig und liebenswert genug zu sein, aus dem Zweifel, ob eine liebevolle Beziehung mit diesem Partner überhaupt möglich sei, ob man selbst mit intensiver

Nähe zurechtkommen werde, ob diese Liebesgeschichte im Alltag bestehen könne, ob ein harmonisches Privatleben mit der beruflichen Karriere vereinbar sei. Unglücklich macht auch die Wut, die sich aus diesen negativen Erwartungen ergibt, aus der Vorstellung, wie schlecht man sich fühlen werde, wenn diese befürchteten Situationen eingetreten sein werden, aus der Unabänderlichkeit der eigenen Denkmuster, die einem wenig Hoffnung auf eine liebevolle Zweisamkeit lassen.

Fällt Ihnen auf, wie sehr diese wenig ansprechenden Aussichten von den Denkmodellen abhängen, für die sich jemand mehr oder minder bewußt entschieden hat? Auch in diesem Zusammenhang ist die persönliche Befindlichkeit und auch die Haltung anderer gegenüber untrennbar mit den Begrenzungen im eigenen Denken verbunden. Wenn Sie sich nicht vorstellen können, für jemanden anderen ein attraktiver Partner zu sein, Ihrerseits jemandem Großzügigen und Verständnisvollen zu begegnen und mit der Balance zwischen professionellem Engagement und privatem Einvernehmen zurechtzukommen, ist es für Sie auch nicht möglich, etwas davon zu erreichen. Das gilt ganz grundsätzlich und nicht nur im Hinblick auf das berufliche Weiterkommen. Wenn Sie also mit Ihren bisherigen Erfahrungen nicht zufrieden sind, wenn Sie mehr schmerzliche als beglückende gemacht haben, empfiehlt es sich, den Denkmodellen dahinter nachzuspüren.

Vor einiger Zeit hat mich eine Frau von circa 50 Jahren angerufen, die schwer erkrankt war. Am Telefon äußerte sie ihre tiefe Sehnsucht nach Nähe und Zärtlichkeit, nach einem Mann, der sie tröstet, hält und streichelt. In einem Atemzug berichtete sie aber auch von ihren bisherigen Enttäuschungen und machte ihrer schlechten Meinung über Männer im allgemeinen Luft: „Männer sind Schweine, rücksichtslos, unzuverlässig und egoistisch." Worauf ich sie fragte, warum sie denn justament von so jemandem in den Arm genommen werden wolle. Schockiertes Schweigen am anderen Ende der Leitung.

Sie erinnern sich, daß ich erklärt habe, was es mit den nicht erfüllten Wünschen auf sich habe. (MAKIA) Das gilt auch und ganz besonders für die Liebe, nicht nur zwischen Lebensgefährten, sondern auch zwischen Chef und Angestellten, zwischen Mitarbeitern und Kollegen, zwischen Eltern und Kindern, ja sogar für die Liebe zwischen Menschen und anderen Lebewesen und dem ganzen Universum. Liebe nimmt im selben Maß zu, in dem das Urteilen und Kritisieren abnimmt.

KAHUNAS meinen, daß die Liebe in unserem Leben immer da sei, aber manchmal von Kritik und Urteil überdeckt werde, und daß dadurch ein Gefühl des Getrenntseins und der Distanz entstehe, das die Liebe, beziehungsweise das bewußte Spüren und Wahrnehmen der Zuneigung vermindere. Und sie gehen davon aus, daß dieses kostbare, ersehnte Gefühl immer wieder freigelegt und gestärkt werden müsse. Schließlich sehnen sich alle Menschen nach Liebe, sie gehört zu den unerläßlichen Faktoren, die Überleben erst möglich machen. Babys sterben ohne Zuwendung und Berührung, und Erwachsene haben zwar einige Möglichkeiten, sich auch in einer feindseligen Umgebung zu behaupten, tragen aber im Innersten immer noch dieses tiefe Bedürfnis des kleinen Kindes in sich.

Wenn Sie diesen Umstand respektieren, haben Sie bereits den Schlüssel für jede Art von fruchtbarer Zusammenarbeit gefunden. Und wenn Ihnen bewußt ist, daß Ihre mentale und emotionale Energie das verstärkt, worauf der Fokus Ihrer Aufmerksamkeit ruht, ergibt sich wie von selbst daraus, daß die Beachtung und Wertschätzung von Personen, von ihren Fähigkeiten und Leistungen genau diese Aspekte verstärkt und nährt. Je mehr Sie sich darauf konzentrieren, das Gute und Anerkennenswerte zu sehen und zu loben, umso öfter werden Sie Gelegenheit dazu haben.

Natürlich weiß ich auch, daß Sie nicht den Rest Ihrer Tage damit auskommen werden, nur mehr zu loben und nie mehr zu kritisieren. Daher möchte ich Ihnen verraten, wie Sie mit Kritik in Zukunft konstruktiv verfahren können. **Wichtig ist dabei, den Energiefluß zu beachten. Sind Sie also in der Situation, einem Mitarbeiter sagen zu müssen, daß er Fehler gemacht und sich falsch verhalten habe, dann tun Sie das auf Ihre übliche Art und Weise. Und dann schließen Sie Ihre Stellungnahme mit etwas Positivem ab. Damit haben Sie Ihre eigene Energie wieder transformiert und umgelenkt.**

Diese Methode funktioniert aber nur, wenn Sie ehrlich sind, Ihr Unbewußtes läßt sich nicht beschummeln. Es kommt nicht darauf an, wie groß und bedeutend die anerkannte Facette Ihres Gegenübers ist, es spielt nicht einmal eine Rolle, ob zwischen dem Kritikpunkt und dem Lob ein inhaltlicher Kontext besteht. Aus schamanischer Sicht geht es ausschließlich um diese liebevolle, aufbauende Energie, die sich auch auf eine winzige Äußerlichkeit beziehen kann, wenn Ihnen sonst nichts Passendes einfällt. Und damit Sie damit keine Verwirrung stiften und keine seltsamen Blicke ernten, können Sie sich mit dem positiven Abschluß Ihrer Kritik auch nur in Gedanken beschäftigen. Sie müssen Ihre Anerkennung nicht laut aussprechen. Für den Schamanen gibt es keinen qualitativen Unterschied zwischen Gedanken, Worten und Taten, alle Ausdrucksformen bewirken eine Veränderung im Kosmos und werden von Menschen, Tieren, Pflanzen und anderen Wesenheiten wahrgenommen. Nicht immer bewußt, aber doch.

Wohlgemerkt, es geht in diesem Zusammenhang gar nicht um eine Unterscheidung zwischen berechtigter und unberechtigter Kritik, der Energiefluß ist in beiden Fällen der gleiche. So oder so verstärken Sie damit ein Denkmuster, das weder für Sie selbst noch für den Kritisierten angenehm oder förderlich ist. Sie beziehen sich auf etwas, was Sie nicht mehr erleben möchten, was gegen Ihre Interessen ist. Daher macht es Sinn, so wenig wie nur irgendwie möglich zu kritisieren. Schließlich kann Ihnen nicht daran gelegen sein, daß Ihre Leute noch mehr Fehler machen, Dinge verwechseln oder übersehen, daß ihre Schwächen mehr werden und ihre Stärken weniger. (Ausführlicheres in „Magie ist keine Hexerei")

Angemessen ist vielmehr, alle gelungenen Projekte, alle brauchbaren Ideen, alle eigenständigen Leistungen und alle guten Eigenschaften Ihrer Kollegen und Partner bewußt und ehrlich anzuerkennen. Halten Sie nichts für selbstverständlich, unterstützen Sie die positiven Aspekte aller Menschen und Ereignisse, indem Sie ihnen Beachtung schenken und Ihre geistige Kraft dorthin fließen lassen. Sie werden reichlich davon profitieren, weil allen daran gelegen sein wird, mehr von dieser freundlichen, respektvollen Energie zu bekommen, und weil Sie damit zur leichteren Umsetzung Ihrer Vorstellungen beitragen.

Mehr zu loben, Ihre Aufmerksamkeit auf das Anerkennenswerte in Ihrem Umfeld zu lenken, hat auch auf Sie selbst angenehme Auswirkungen: Sie werden dadurch toleranter, fördern Ihr Wohlbefinden und erfreuen sich mehr an den freundlichen Seiten Ihres Lebens. Im magischen Sinn ziehen Sie Ihre Energie von dem ab, was Ihnen mißfällt, und manifestieren sich ein Leben nach Ihrem Geschmack. Sie werden dadurch andere Menschen als bisher anziehen, bisher Unvorstellbares möglich machen, bisher verschlossene Türen offen vorfinden und zu ganz andere Formen des Zusammenwirkens im Kosmos entwickeln.

Schamanen betrachten ganz allgemein alles, was sich im Universum aufhält, als lebendig und bewußt. Für den Schamanen gibt es keine tote Materie, daher kann er auch mit allem in Verbindung treten und kommunizieren.

Ich werde oft gefragt, woher ich denn wisse, daß auch ein Stein ein Wesen mit Bewußtsein sei, oder wie sich die Existenz immaterieller Wesenheiten beweisen lasse. In HUNA ist das eine müßige Fragestellung, da sich ja sowieso jeder seine eigene Wirklichkeit kreiert und keiner die einzige Wahrheit zu verwalten hat. Das heißt im Klartext, Sie entscheiden darüber, ob Ihnen eine Welt voller Wesen der unterschiedlichsten Art behagt oder nicht. Es gibt nichts zu beweisen. Wenn die schamanische Sichtweise für Sie eine taugliche Arbeitshypothese ist, sind Sie ab sofort von einer Fülle von lebendigen, bewußten Entitäten umgeben und können mit ihnen zusammenarbeiten. Sie werden auch sofort Erfahrungen machen, die Ihr Weltbild bestätigen, weil Sie ja immer schon Erfahrungen machen, die zu Ihrem (bisherigen) Weltbild passen. Ändern Sie die Prämissen, ändern sich Ihre Lebensumstände und Erlebnisse mit.

Wollen Sie also mit einem Gebäude, einem Baum, einem technischen Gerät oder Ihrer verstorbenen Tante in Kontakt treten, müssen Sie davon ausgehen, daß das möglich ist. Sie beschließen Ihre Betrachtungsweise, Ihre Grenzen und Möglichkeiten in jedem Moment neu. Wobei ich das nicht für eine Glaubenssache halte, sondern für eine intellektuelle Herausforderung. Es genügt völlig, daß Sie offen und neugierig sind und sich auf dieses Konzept einlassen, um herauszufinden, was damit alles realisierbar wird. Vom blinden, abhängigen „Glauben" halte ich nichts, und darum habe ich – auch unter Schamanen – immer Lehrer gefunden, die eine verwandte Weltsicht vertreten haben. Don Eduardo Calderon Palomino, der verstorbene Curandero aus Peru, hat uns immer ermahnt, ihm niemals blindlings zu folgen. Er hat uns ungewöhnliche Erfahrungen angeboten und uns dadurch befähigt, für uns selbst herauszufinden, was für jeden einzelnen welche Bedeutung hat, womit wir konform gehen wollen und womit nicht, – eben etwas für uns selbst zu „wissen". Es geht um KALA, um Freiheit im Geist.

Wie bereits erwähnt, wissen auch Bewußtseinsforscher nicht, was „Bewußtsein" eigentlich ist. Es gibt Forscher, die Bewußtsein nur dem Menschen zubilligen, andere, die dazu neigen, Tiere, die doch kommunizieren und lernen können, einzubeziehen, wieder andere, die Bewußtsein mit der Fähigkeit, sich fortbewegen oder wachsen zu können, in Beziehung setzen. Das sind für Schamanen sehr fragwürdige Kategorien, gibt es doch auch Tiere, wie die Seeanemonen, die am Meeresgrund festgewachsen sind, und Berge, die noch immer wachsen. Der Himalaya wird jedes Jahr circa 80 cm höher. Auch subatomare Teilchen zeigen Reaktionen, die eigentlich nur durch ein – wenn auch sehr einfaches – „Bewußtsein" zu erklären sind. Wenn so ein

Teilchen gespalten wird und die getrennten Hälften sich in verschiedene Richtungen auf den Weg machen, und wenn der einen ein Hindernis in den Weg geschoben wird, geschieht folgendes: Nicht nur die aufgehaltene Teilchenhälfte weicht aus, auch die zweite macht diese Bewegung mit, obwohl sie in ihrer Bahn kein Hindernis vorliegt. Warum wohl?

Für Schamanen ist das alles nicht verwunderlich, sie halten ohnehin alles im Kosmos für lebendig. Für sie verfügt ein Baum eben über ein Baumbewußtsein, eine Katze über ein Katzenbewußtsein und ein Stein über ein Steinbewußtsein. Darunter verstehen sie natürlich nicht das gleiche wie unter dem eines Menschen, aber sie halten andere Bewußtseinsformen auch nicht für geringer oder unterlegen. Sie sind eben nur anders und verdienen in ihrer Andersartigkeit Respekt.

Alles Lebendige und Bewußte ist auch empfänglich für das Geschehen in seiner Umgebung, es reagiert mehr oder weniger deutlich darauf. Daß das auf Pflanzen zutrifft, hat Cleve Baxter schon vor Jahren nachgewiesen, indem er einen Gummibaum an einen Lügendetektor angeschlossen hat. Der Zeiger hat ganz eindeutig und wiederholt ausgeschlagen, wenn ein Mensch dem Gummibaum unfreundliche Dinge gesagt hat, zum Beispiel, daß er ihm ein Blatt abschneiden werde. Und noch verblüffender war, daß sich der Gummibaum diesen „Feind" gemerkt hat. Wenn dieser den Raum nach Tagen wieder betreten hat, ohne sich auch nur im geringsten mit der Pflanze zu beschäftigen, schlug der Zeiger des Lügendetektors erneut aus. Cleve Baxter meint, Pflanzen erkennen Menschen wieder. Ein Baum, neben dem ein Mord verübt worden ist, könnte den Täter identifizieren. Er bestätigte damit sogar mit technischen Meßgeräten das jahrtausendealte Wissen der Schamanen.

Was Sie auch immer von solchen Experimenten halten mögen, es ist auf jeden Fall spannend, sich diese Weltsicht anzueignen und sich damit die Möglichkeit zur Kommunikation mit renitenten Computern, überforderten Fahrzeugen, Nahrungsmitteln, Medikamenten, Baustellen oder Naturgewalten zu erschließen. Zum respektvollen Umgang gehört, das Anderssein des jeweiligen „Gesprächspartners" anzuerkennen, ihm höflich und mit einem Gefühl der Wertschätzung zu begegnen und ihn um eine Information oder ein bestimmtes Verhalten zu bitten. Sie werden feststellen, daß der Computer trotz Absturz keine Daten verloren hat, daß das beunruhigende Geräusch in Ihrem Auto verschwunden ist und alle Armaturen wieder korrekt anzeigen, daß Sie plötzlich Nahrungsmittel ohne Komplikationen verdauen können, die Sie seit Jahren nicht vertragen haben, daß Medikamente keinerlei unerwünschte Nebenwirkungen erzeugen, daß Sie eine eingebrochene Stelle im Straßenbelag auch im Dunkeln fühlen, daß Sie rechtzeitig spüren, wenn hinter Ihrem Haus der Hang zu rutschen beginnt, und daß Sie ihn rein mental aufhalten können. Probieren Sie es aus, dann wissen Sie mehr!

Für mich ist es nach so vielen Jahren der schamanischen Arbeit ganz selbstverständlich, mit meinen Freunden im Kosmos zu konferieren und an sie zu delegieren, was auf der Ebene der alltäglichen Wirklichkeit schwer lösbar wäre. Ob es sich nun darum handelt, herauszufinden, ob ein Mitarbeiter zuverlässig oder ein Investor liquid ist, den richtigen Zeitpunkt oder die geeignete Firmenpartnerschaft festzustellen, oder ein neues Produkt so zu entwickeln, daß es die potentiellen Käufer wirklich erreicht.

Der deutsche Hotelier Klaus Kobjoll, der 1996 Unternehmer des Jahres geworden war, hat in einer Talkshow erzählt, worum es ihm wirklich geht. Auf mehrmaliges Insistieren des Moderators, daß er doch jetzt unglaublich viel Geld verdienen müsse, sagte er: „Wann auch immer ich über mein Haus nachdenke, überlege ich mir, was ich dazu tun kann, daß sich meine Gäste hier besonders wohl fühlen. Die Menschen spüren diese Absicht, sie nehmen diese positive Energie wahr und bleiben gerne länger oder kommen bald wieder. Der angenehme Nebeneffekt ist: Sie zahlen dafür. Würde ich mir Gedanken machen, wie ich das Haus so führen kann, daß mir möglichst viel Gewinn bleibt, würden die Gäste auch diese Energie wahrnehmen und als unangenehm empfinden. Sie würden bald abreisen und wegbleiben. Warum sollten sie auch zu meiner persönlichen Bereicherung beitragen wollen?"

Damit hat Klaus Kobjoll auf den Punkt gebracht, worum es bei ALOHA geht: um das Glücklichsein und das Vermehren von Freude. Mit seiner Gedankenkraft erzeugt er ein so wohltuendes, liebevolles Energiefeld, daß auch in diesen Dingen unkundige Gäste davon angezogen werden. Sie tun, was dem Hotelier nützt, weil sie es auch als für sich selbst lohnend und richtig empfinden. Nur so kann es funktionieren.

Wenn Sie die Ansicht der KAHUNAS, daß die Liebe die stärkste Macht im Universum ist, akzeptieren, sollten Sie auch diese Kraft einsetzen und sich nicht mit einer schwächeren begnügen. Das heißt, Sie sollten das Anderssein der anderen nicht bekämpfen, sondern als wunderbare Ergänzung sehen und sich die Mühe machen zu überlegen, was auch für Ihren Kontrahenten eine Motivation darstellen könnte, und zwar innerhalb seiner Denkmuster, mit

Ihnen am gleichen Strang zu ziehen. Was könnte der andere für einen Vorteil davon haben – wohlgemerkt, innerhalb seines Weltbildes –, wenn er Ihren Plänen zustimmt? Und was können Sie dazu beitragen, daß er sich dabei aus seiner Sicht zufrieden und wohl fühlt?

Betrachten Sie einmal das anstehende Thema mit den Augen Ihres (Noch)Widersachers! Was sieht für ihn derzeit vorteilhaft oder unvorteilhaft aus? Was müßte verändert werden, damit er ein Projekt als attraktiv beurteilen könnte? Inwiefern können Sie ihm etwas anbieten, das zwar seine bisherigen Spielregeln durchbricht, ihm aber neue zur Verfügung stellt, die ihm Spaß machen? All das sind Fragen, die aus einer Haltung des Respekts stammen.

Der Chef eines großen Medienunternehmens hatte einen Baugrund ohne direkte Zufahrtsmöglichkeit gekauft. Er benötigte ganz dringend einige Quadratmeter vom Nachbargrund oder zumindest eine Durchfahrtserlaubnis des Nachbarn und war der Annahme, daß diese ganz leicht zu bekommen sei, weil dessen Grund widmungsgemäß kein Bauland war. Und überhaupt war dieser Bauherr gewohnt, daß die Dinge nach seinen Wünschen abzulaufen hatten. Was er nicht einkalkuliert hatte, war die Befindlichkeit des Nachbarn, der das bißchen Geld nicht nötig hatte und dem die ganze Geschichte eigentlich zu mühsam war. Kurz, die Angelegenheit schaukelte sich auf, der Bauherr blieb zwar verbal innerhalb der Grenzen der Höflichkeit, hielt den anderen aber für einen kleinlichen Idioten, für einen Spinner, der sein „höheres Interesse" nicht begreifen wollte. Die Fronten waren verhärtet, der ganze Hausbau in Frage gestellt. Kein Wunder!

Bei einem Abendessen erfuhr ich davon und fragte den verhinderten Bauherrn, warum wohl jemand, den er selbst verächtlich behandelte und nicht respektierte, ihm einen Gefallen tun sollte. Was sollte denn der als Vorteil für sich betrachten? Und warum sollte er sich dem Druck fügen? Der Bauherr verstand sofort, was gemeint war, und wir entwickelten neue, respektvolle Vorstellungen, die auch für den Nachbarn attraktiv sein würden: daß es zum Beispiel für ihn angenehm sei, neue Brücken zur Vaterstadt zu bauen, bei Nachbarn auf ein Schwätzchen willkommen zu sein, einen verläßlichen Ansprechpartner zu haben, falls mit dem Grundstück einmal etwas zu regeln sein werde und anderes mehr. Erst nachdem unser Bauherr seine Meinung über den anderen ehrlich revidiert hatte, rief er ihn wieder an und fand einen völlig verwandelten Gesprächspartner vor. Plötzlich war alles zu lösen, dem Nachbarn wurden alle behördlichen und rechtlichen Mühen so weit wie möglich abgenommen, das Klima war freundlich, die Beziehung geheilt. Inzwischen wird gebaut.

Natürlich verstehen Sie genau, wovon ich spreche, nicht wahr? Vertrauen Sie auf ALOHA und auf Ihre eigene Fähigkeit zum kreativen Umgang mit Ihren eigenen Denkmustern und denen Ihrer Mitmenschen. Sie können dieses Modell jederzeit auch auf den Umgang mit anderen Wesenheiten ausdehnen. Überlegen Sie sich, was Ihnen bestimmte Gegebenheiten in Ihrer Umwelt vermitteln und welche konstruktiven, wohltuenden Vorstellungen Sie einem technischen Gerät, einem Bach oder Ihrem Hund offerieren können, wenn Sie sie zur Mitarbeit bewegen wollen. Genau das tut ein KAHUNA, er bietet der Springflut Gesänge und Blumen und die Dankbarkeit der verschont gebliebenen Menschen an und stoppt sie so rechtzeitig, vorausgesetzt, das Wesen

„Tsunami" findet das Angebot attraktiv. Für den KAHUNA besteht gar kein Zweifel daran, daß auch das Meer, der Wind und der Vulkan Persönlichkeiten mit besonderen Interessen sind, daß aber auch diese Wesenheiten offen für Gedanken und Einflüsse von außen sind. Je besser, liebevoller und freundlicher sich diese anfühlen, umso eher sind auch die Naturgewalten bereit, sich darauf einzulassen. **KAHUNAS kennen keinen prinzipiellen Unterschied zwischen den einzelnen Formen von Bewußtsein: was zwischen Menschen funktioniert, tut das auch zwischen Menschen und anderen Wesen. Wir Menschen haben den Vorzug der Phantasie und Kreativität, unser Spektrum an Angeboten anderen Geistwesen gegenüber kann dementsprechend bunt und vielfältig sein. Daher können wir in der respektvollen Zusammenarbeit viel bewirken.**

Nicht vergessen sollten wir aber auch, daß auch wir selbst lebendig und bewußt sind und Respekt verdienen. Unser Unbewußtes unterscheidet nicht zwischen der Kritik an anderen und der an uns selbst, es versucht sich gegen diese destruktiven Gedanken zu wehren, und das führt zu Anspannung und Streß. Handelt es sich bei der Selbstzerfleischung um eine gewohnheitsmäßig geübte Praxis, zeigt sich die Auswirkung auch im Körper. Wir werden krank.

Auch im Umgang mit uns selbst gilt das Prinzip von ALOHA. Wir verstärken immer den Teil unserer Persönlichkeit, unserer inneren und äußeren Eigenschaften, dem wir besondere Beachtung schenken. Wenn das etwas ist, womit wir nicht einverstanden sind, haben wir die Wahl, entweder konstruktive Schlußfolgerungen zu ziehen und etwas zu verändern oder, wenn wir uns das nicht vorstellen können,

die Aufmerksamkeit davon abzuziehen und auf etwas zu lenken, was wir an uns selbst ehrlich anerkennen können. Damit versöhnen wir uns mit unseren Schwächen, lernen damit zu leben, verringern ihre Bedeutung. Beide Methoden bewirken, daß wir mit uns selbst im Einvernehmen sein können und unser Selbstwertgefühl intakt ist.

Weiter auf etwas herumzureiten, was wir so an uns nicht mögen, ohne zu einem positiven Abschluß unserer Selbstbetrachtung zu kommen, verschlimmert das Dilemma, verletzt die Selbstliebe und schwächt uns auf allen Ebenen. Das führt dazu, daß wir immer mehr Fehler machen, uns selbst immer weniger mögen und, da doch bekanntlich die Außenwelt unsere innere Struktur spiegelt, auch dazu, daß uns die anderen im beruflichen wie privaten Umfeld mit immer weniger Zutrauen und Sympathie begegnen. Das können Sie sich doch nicht wünschen, nicht wahr?

Die Entfaltung der Selbstliebe hat nichts mit Größenwahn zu tun, sondern damit, daß Sie sich selbst als Wesen innerhalb einer polaren Welt mit Qualitäten und Einschränkungen akzeptieren. Gerade so, wie Sie sind, nehmen Sie einen besonderen Platz im Universum ein, den niemand anderer besser ausfüllen könnte. Darum ist es angemessen, die eigenen Gaben und Talente zu nützen und sich nicht mit anderen zu vergleichen. Andere können zwar in einzelnen Facetten brillanter, aber niemals in der Gesamtheit überlegen sein. Niemand kann besser „Sie" sein als Sie selbst.

So werden Sie auch am eigenen Leib erleben, was Teresa von Avila beschrieben hat: „Die Liebe begnügt sich nicht damit, auf der Stelle zu treten." Ich bin überzeugt davon, das gilt auch für die Selbstliebe, die die Basis jeder Liebe zu anderen Wesen sein muß und ist.

MANA –
Alle Macht kommt
von innen

PŪPŪKĀHI I HOLOMUA.
Gemeinsam erzielt man den Fortschritt.

KAHUNAS gehen davon aus, daß jeder Mensch immer über alle Energie verfügt, die er braucht, ob ihm das in jedem Moment bewußt ist oder nicht. Ihrer Meinung nach geht es nicht darum, sich energetisch aufzutanken oder gegen das unfreundliche „Rauben" von Kraft zu schützen. In ihrem Denkmodell kommen diese Begriffe gar nicht vor. Die hawaiianischen Schamanen sehen Stärke oder Schwäche als Ausdruck eines mehr oder minder intakten Energieflusses, als Zeichen dafür, wie sehr jemand Zugang zu all seinen Ressourcen hat oder nicht. Kraftlosigkeit ist daher in ihrem Sprachgebrauch eher ein Synonym für Blockade, für Selbstbegrenzung, für beschränkende Denkmuster.

Folglich betrachten sie das Aufladen an einem Kraftplatz oder durch einen Heiler entweder als Abbau dieser Blockaden und Wiederherstellen des energetischen Austausches innerhalb des Systems, als ein Wiederzugänglichmachen der vorhandenen Qualitäten und Ressourcen oder als die Übertragung einer Schwingung mit höherer Frequenz. Für KAHUNAS handelt es sich dabei um eine Art Resonanzphänomen oder Informationsvermittlung. Das Energiefeld des Klienten übernimmt die bewußt erhöhte Schwingung des Energiekörpers des Schamanen oder die des Kraftortes und erhält dadurch den Impuls, die Selbstheilungskraft wieder zu aktivieren. Sie können sich das vorstellen wie beim Schall. Luft kann durch Sprechen oder Musizieren in Schwingung versetzt, und die Schallwelle zum Ohr eines Zuhörers transportiert werden. Dabei kommt weder dem Sender etwas abhanden, noch gewinnt der Empfänger etwas dazu, abgesehen von der übermittelten Information. Die Luft fungiert dabei nur als Trägermedium. Der entscheidende Aspekt ist im einen wie im anderen Fall, was der Klient oder Empfänger mit diesem Input macht, inwiefern er diesen nützt.

Da der Fluß der Energie besonders gut im Zustand der Entspannung funktioniert, haben Sie subjektiv den Eindruck, nach einem geruhsamen Urlaub wieder mehr bei Kräften zu sein. Sie kommen wieder besser an Ihr Potential heran, können Ihre Kreativität wieder entfalten, haben neue Ideen, sind offen für bisher unbekannte Lösungsvorschläge und fühlen sich rundherum wohler.

Wie gesagt, hawaiianische Schamanen gehen davon aus, daß uns diese Optionen immer zur Verfügung stehen, wir sehen sie nur nicht mehr, wenn die Anspannung zu groß wird. Sie sagen, daß in uns jederzeit alle Macht ist, die wir brauchen. Wofür auch immer.

Wobei es vielleicht notwendig ist, den im Deutschen moralisch anrüchigen Begriff „Macht" zu definieren. Gemeint ist damit nicht politische oder soziale Willkür, egoistisches Vorgehen oder Ignoranz den Bedürfnissen anderer Lebewesen gegenüber. Vergessen Sie nicht, die stärkste Kraft ist die Liebe! Nein, es geht vielmehr um das Einer-Sache-mächtig-Sein, um das kundige Handhaben seiner eigenen Fähigkeiten, um den verantwortlichen Umgang mit Strukturen, Energien oder Wesenheiten, um das Wahrnehmen der eigenen Position und Aufgabe im Universum. Schon in der Bibel gibt es eine Geschichte, in der ein Knecht für das Vergraben und getreuliche Hüten des überlassenen Talentes vom Herrn nicht belohnt, sondern bestraft wird. Er hatte es nämlich nicht genützt.

„Macht" heißt also „etwas machen können", dazu fähig, beauftragt, ausersehen sein. Die Möglichkeit zur Gestaltung, nennt das ein Freund von mir. Macht ist ein Werkzeug und daher an sich neutral. Ebenso wie Sie mit einem Messer Brot schneiden oder jemanden verletzen können, können Sie das Werkzeug „Macht" sinnvoll und im Interesse der kosmischen Harmonie einsetzen oder auch mißbrauchen. Solange aber Liebe und Respekt als Maßstab Anwendung finden, kann eigentlich nichts schiefgehen. Große Herrscher haben sich zu allen Zeiten als erste Diener ihres Volkes verstanden und gerieten daher auch nicht in Konflikt mit ihm.

Und diese Ihre Macht oder Kraft ist bereits in Ihnen angelegt, sie ist Teil Ihrer Person und wird Ihnen weder von einem von uns Menschen getrennten Gott, von der Regierung oder der Gesellschaft verliehen, noch können Gurus, Eltern, Schicksal, Gene, Vergangenheit oder irgendwelche bösen Mächte sie über Sie ausüben. Sie selbst sind die höchste Autorität in allem, was Sie betrifft.

Ihre innere Autorität anzunehmen bedeutet, daß Sie sich Ihrer Macht bewußt sind, daß Sie sie annehmen und zuversichtlich

erwarten, daß sie wirkt. Das gilt auf allen Ebenen und in allen Bereichen. Für den Schamanen bezieht sich das vor allem auch auf Gebete und Anrufungen, auf „Zauberformeln" und Affirmationen, auf Segnungen und Rituale. Die schamanischen Methoden haben Ihnen keineswegs zuerst etwas zu beweisen, damit Sie sich vielleicht bereit erklären, sie anzuwenden. Auch sie sind Werkzeuge. Und für den Umgang mit ihnen gilt dasselbe, was Sie auch aus Ihrem alltäglichen Umfeld kennen: Für eine zu lösende Aufgabe wählen Sie nach bestem Wissen das Werkzeug, das Sie für geeignet halten.

Es gehört zu den Selbstverständlichkeiten im Alltag, eine Säge zu nehmen, wenn es darum geht, ein Stück Holz zuzuschneiden, und einen Hammer, wenn Sie einen Nagel einschlagen wollen. Niemals würden Sie blindlings in die Werkzeugkiste greifen und das erstbeste Gerät herausnehmen, ohne zu beachten, für welche Arbeit Sie es benötigen. Sie versuchen nie, mit einem Hammer eine kleine Schraubmutter anzuziehen oder gar mit einem Schneebesen zu telefonieren. Ich verwende absichtlich absurde Beispiele, um Ihnen drastisch vor Augen zu führen, was auf der materiellen Ebene für Sie und alle anderen Leute normal und üblich ist.

Warum also sollte diese Vorgangsweise nicht auch für die immaterielle Welt zutreffen? Warum sollte ein imaginärer „Hammer" beweisen müssen, daß er auch die feinsten immateriellen „Schrauben" anziehen kann, wenn er dafür a priori nicht geeignet ist? Auch mentale Werkzeuge können sich hervorragend bewähren, wenn sie kundig geführt werden, sie taugen aber nichts, wenn sie falsch eingesetzt werden. Und Sie selbst entscheiden im voraus, was für Sie was bedeutet, was Sie für richtig und passend halten und was nicht. Sie wählen – wie immer – Ihr Hilfsmittel, das Gerät und die Technik, von der Sie sich viel versprechen.

Genau das versteht man unter dem „schamanischen Ermächtigen": **das bewußte Wählen der Methoden und das Vertrauen in ihre** **Wirksamkeit. Für den Schamanen sind alle Dinge das, wozu er sie** **macht.** So kann er den unbedeutendsten Kieselstein zu seinem persönlichen Glücks- oder Heilstein ernennen und eine für Uneingeweihte unverständliche Abfolge von Lauten zu einem machtvollen Zauberspruch. Auch letzterer ist ja im übrigen prinzipiell nicht so exotisch, wie viele glauben, jedes Computerprogramm ist für den Unkundigen ebenfalls nur eine beliebige, undurchschaubare Aneinanderreihung von Zeichen.

Unsere Schrift, unsere Sprache, unsere gesamte Kommunikation beruht auf Vereinbarungen darüber, was für uns innerhalb eines bestimmten Umkreises welche Bedeutung hat. Wir können nicht darauf bestehen, daß ein Tisch weltweit nur „Tisch" heißen darf und daß jede andere Bezeichnung falsch ist. Spätestens im Umgang mit Fremdsprachen wird einem die Willkürlichkeit solcher Zuordnungen bewußt. Ebenso ist es mit den Analogien in der schamanischen Arbeit. Dort wird diese Art der Verwendung von Begriffen insofern noch mehr auf die Spitze getrieben, als es eben nicht mehr nur um kulturspezifische Gewohnheiten und tradierte Muster geht, sondern möglicherweise um eine „Ermächtigung", die nur für einen selbst und nur für einen bestimmten Zeitraum gilt.

Auch das ist im übrigen nichts Befremdliches, alle persönlichen Gegenstände, alles, was vorwiegend ideellen Wert besitzt, paßt in diese Kategorie. Wir ermächtigen das Foto eines kleinen Kindes, uns Glück oder Freude zu bringen, einen einfachen Goldring dazu, das Symbol für eine besonders wichtige persönliche Beziehung mit allerhand rechtlichen Konsequenzen zu sein, ein Fußballteam, unsere nationale Ehre zu verteidigen, und bestimmte Markenartikel dazu, unser Sozialprestige aufzupolieren. Alle diese Dinge sind nicht nur das, was sie in der materiellen Welt darstellen, sie haben eine übergeordnete Bedeutung, die auf ungeschriebenen Vereinbarungen innerhalb eines begrenzten Bereiches und einer bestimmten sozialen Gruppe beruht. Welcher Buschmann braucht schon einen Ehering und welcher Aboriginal Calvin Klein-Unterhosen?

Kurzum, Schamanen tun genau das, was Sie und ich schon lange auch tun, sie machen es nur in einer für uns ungewohnten Weise und Konsequenz. Sie wissen um ihre große geistige Kraft und setzen sie bewußt für ihre Zwecke ein. Sie wählen nach ihrem persönlichen Gutdünken Rituale oder Kraftobjekte aus und weisen ihnen die Wirkung zu, die sie dann auch haben. Für sie selbst und für jeden, der sich auf das schamanische Denkmodell einläßt.

Das ist keine Glaubenssache, sondern Resultat einer klaren Entscheidung, die sich auch jederzeit revidieren läßt. Gerade so, wie Sie den nächstkleineren Schraubenzieher zur Hand nehmen, wenn sich der ursprünglich gewählte als zu plump erwiesen hat. Sie selbst geben den Dingen Bedeutung, Sie entscheiden in jedem Augenblick neu, ob Sie etwas für zuträglich, erwünscht und wirksam halten oder nicht. Das verstehen KAHUNAS unter innerer Autorität.

Wenn Sie eine Strategie oder ein Gerät wählen, von der oder dem Sie nicht überzeugt sind, wenn Sie von Beginn an daran zweifeln, stellt sich die Frage, warum Sie es dann trotzdem tun. Weil Ihnen nichts Besseres eingefallen ist? Weil Sie demonstrieren wollen, daß jemand anderer unrecht hat? Weil Sie sich selbst einmal mehr beweisen möchten, daß die Welt schlecht ist und Sie als wehrloses Opfer in ihr herumgebeutelt werden? Oder warum wohl?

Für den KAHUNA ist der Zweifel kein Fallstrick aus höheren Sphären, sondern das Resultat einer Denkweise in bezug auf ein bestimmtes Thema. Sie zweifeln gegebenenfalls nicht, weil Sie das müssen, sondern weil Sie es so wollen. Und es steht Ihnen natürlich wie immer frei, auch destruktiven Gedanken den Raum zu geben, den Sie ihnen gewähren möchten. Mit allen Konsequenzen selbstverständlich. Erinnern Sie sich an MAKIA? Daran, daß Ihre Gedankenkraft das stärkt und nährt, worauf Ihre Aufmerksamkeit ruht? Daraus folgt, daß Sie mit dem Zweifel die Manifestation dessen betreiben, was Sie angeblich verhindern wollen. Wenn Ihr Zweifel stark ist, setzt er sich durch, und Sie erfüllen sich selbst keine Wünsche, sondern erreichen das Gegenteil. Ist er weniger stark, bewirkt er „nur" die Aufhebung Ihres Wunsches. Es bewegt sich weder etwas in die erwünschte, noch in die unerwünschte Richtung.

Zum Annehmen Ihrer eigenen Autorität gehört also auch, daß Sie Ihre Gedanken bewußt gestalten und lenken und dadurch die Umsetzung in der materiellen Welt bewirken. Indem Sie Worte, Vorstellungen, Empfindungen und Taten mit Zuversicht einsetzen, tragen Sie zur bewußten Realisierung bei, Sie verwalten Ihren Anteil an der göttlichen Schöpferkraft mit Liebe und Sorgfalt.

Unter äußerer Autorität verstehen KAHUNAS die Tatsache, daß Menschen einen Teil ihrer Verantwortung für sich selbst an andere abgetreten haben. Das mag in vielen Fällen durchaus gut und richtig sein, solange Sie nie vergessen, daß es Ihre Entscheidung bleibt, wieviel von Ihrer Kompetenz Sie für welchen Zeitraum an jemanden delegieren, den Sie in bestimmten Belangen für kundig und vertrauenswürdig halten. Damit sind Sie die Zuständigkeit für sich selbst aber nicht los, die Folgen einer Fehlentscheidung ereilen ja konsequenterweise auch wieder Sie selbst. Warum sich Ihr Arzt geirrt hat, was auch immer ihm den Blick getrübt haben mag, die Schmerzen oder Komplikationen, die sich daraus ergeben können, spüren Sie und nicht er unmittelbar. Wie auch immer es zu einer unrichtigen Steuererklärung gekommen sein mag, ob aus Kalkül oder Unwissen, die prüfende Behörde hält sich an Sie, nicht an den Steuerberater. Und wenn Sie eine falsche Personalentscheidung getroffen haben, können Sie den ungeeigneten Mitarbeiter zwar kündigen, aber um den Ausgleich für verpaßte Gelegenheiten und verpfuschte Abmachungen müssen Sie sich doch selber kümmern. Daß Sie sich über andere Menschen beschweren, vielleicht sogar rechtliche Schritte unternehmen, entbindet Sie nicht von Ihrer Eigenverantwortung. **Das heißt, äußere Autoritäten haben genau so viel Macht über Sie, wie Sie ihnen zubilligen, kein Iota mehr.**

Unter konventionellem Blickwinkel betrachtet mag Ihnen diese Aussage zu kühn oder vielleicht ein wenig verrückt vorkommen, aber aus Sicht der KAHUNAS ist alles möglich (KALA). Es mag manchmal einer tiefgreifenden Veränderung der gedanklichen Prämissen bedürfen, um zu neuen konstruktiven Lösungen zu finden, aber das heißt nicht, daß man jemals völlig ohnmächtig und hilflos ist. Es hängt davon ab, was man sich vorstellen und zulassen kann und was nicht. Alles beginnt bekanntlich in der Vorstellung, unsere Einschränkungen, aber auch unsere Höhenflüge.

Timothy Leary, ein amerikanischer Bewußtseinsforscher und Universitätsprofessor, der in der 60er Jahren viel mit psychogenen Substanzen experimentiert hatte, war von einem Gericht, das ein Exempel statuieren wollte, für zehn Jahre hinter Gitter geschickt worden. Bei seiner Entlassung bestaunten Journalisten den Mann, der jünger, vitaler und strahlender das Gefängnis verließ, als er es betreten hatte. Timothy Leary hatte die Zeit genützt, seine Forschungsergebnisse auf sich selbst anzuwenden und die Macht seines Bewußtseins zu entfalten. Er hatte im Gefängnis erfolgreiche Bücher geschrieben und gelernt, kraft seines Geistes den Körper zu verlassen und Astralreisen zu unternehmen. Was bedeuten für so jemanden schon Kerkermauern?

Für Schamanen ist es ganz selbstverständlich, auch mit immateriellen Wesenheiten zusammenzuarbeiten, für die die Begrenzungen unserer alltäglichen Wirklichkeit nicht gelten. Innerhalb desselben Denkmodells, das für die materielle Welt zutrifft. Auch in diesem Fall ist es notwendig, zuerst selbst zu definieren, wo es hingehen soll, und dann gewisse Aufgaben kompetenten Geistwesen zuzuweisen, also selbst die Verantwortung zu übernehmen. Oder sich ein Weltbild zurechtzulegen, in dem es von mit uns Menschen befreundeten Geistern nur so wimmelt, und sich so gedanklich davor zu schützen, daß Angst und Zweifel zu viel Gewicht bekommen können. Ich persönlich fühle mich im Kreis liebevoller Wesen mit oder ohne sichtbare Körper so gut aufgehoben, ich bin so voller Vertrauen in die geistige Welt, daß ich gar keine

Hemmungen habe, gewisse Erledigungen auch unspezifisch in Auftrag zu geben. Wenn ich mir über die jenseitige Arbeitsteilung nicht im klaren bin, delegiere ich „to whom it may concern". Das funktioniert einwandfrei und macht mein Leben vergnüglich. Ich muß nicht alles selbst und alleine machen, ich muß nur zu meiner Autorität stehen. Das genügt.

Alles besitzt Macht, alle Lebewesen, alle Gegenstände, alle Naturkräfte, alle Gedankenformen und Wesenheiten. Da alles Bewußtsein besitzt (ALOHA), hat auch alles Kraft und kann wirksam werden. Und da alle Macht nützlich sein kann, empfiehlt sich die respektvolle Zusammenarbeit mit ihr in allem. Ein KAHUNA macht keinen Unterschied zwischen Tieren, Pflanzen, Naturgewalten oder Artefakten, und auch keinen zwischen den verschiedenen Ausdrucksformen der Energie. Ob es sich um die Heilkraft von Pflanzen, um die Körperkraft von Tieren, um die Energie von Nahrungsmitteln, um die Gewalt eines Sturms, um die Brandung des Meeres, um die Strahlung der Sonne, um Elektrizität oder Magnetismus, um liebevolle Gedanken und beflügelnde Vorstellungen handelt, er entscheidet für sich, welche Energie er für nützlich und notwendig hält und mit welcher er gerne zusammenwirken möchte.

Die freundschaftliche Kooperation mit technischen Geräten möchte ich Ihnen als Bewohner eines hochindustrialisierten Landes dringend ans Herz legen, schließlich sind Sie fast Tag und Nacht vom reibungslosen Funktionieren diverser Maschinen abhängig: von Heizung und Wasserpumpe, von Herd und Waschmaschine, von Auto oder U-Bahn, von Computer und Telefon. Je besser Ihr Einvernehmen mit sich und Ihrer Umwelt ist, umso klagloser erfüllen auch Ihre Geräte ihre Aufgaben. Und je besser sie behandelt werden, umso bereitwilliger lohnen sie diesen Respekt auch.

Ich kenne einen Software-Spezialisten, der ein florierendes Unternehmen damit aufgebaut hat, daß er sich einen besonderen Ruf als Fachmann für die rasche Reparatur vernetzter Computersysteme erworben hat. Was er wirklich gemacht hat, hat er immer geheimgehalten, da er sich nicht dem Unverständnis seiner Auftraggeber aussetzen wollte. Und das war Folgendes: Er trennte alle Geräte voneinander, zog alle Verbindungskabel ab und legte dann jedem einzelnen Rechner oder Monitor die Hände auf. Dann steckte er alles wieder zusammen – und siehe da, alle Teile arbeiteten bestens, der Energie- und Informationsaustausch funktionierte wieder.

Auch ich habe gute Erfahrungen mit Maschinen gemacht, denen ich eine prekäre Situation erklärt habe, und die sich dann durchaus auf einen Deal („Noch ein Jahr, bitte, dann kann ich dich ersetzen!") mit mir eingelassen haben. Das klingt zwar ein bißchen seltsam, spielt aber sicherlich keine Rolle, wenn es um etwas wirklich Heikles geht, zum Beispiel um die rechtzeitige Fertigstellung eines Produktes, um die Einhaltung einer wichtigen Verabredung oder um das Finden eines geeigneten Mitarbeiters. Benützen Sie die Segnungen der Technik nicht nur, sondern personifizieren Sie die eine oder andere ganz bewußt, um die Kommunikation damit möglich zu machen. Und bedanken Sie sich für die gutwillige Unterstützung, die Ihnen zuteil geworden ist. Daß Geräte lange Jahre gute Dienste tun, müßte Ihnen doch willkommen sein, oder?

Die unerläßliche Voraussetzung für den bewußten Einsatz Ihrer eigenen Macht, für die Umgestaltung und Veränderung Ihrer Lebensumstände ist die Akzeptanz Ihres bisherigen – vielleicht unbewußten – Umgangs damit. Auch wenn Ihnen das schamanische

Denken bisher nicht vertraut war, haben Sie sich Ihre Welt auf Basis Ihrer früheren Denkmuster selbst erschaffen. Nur wenn Sie anerkennen, daß Sie erstens ein Problem haben und daß Ihnen dieses zweitens nicht einfach nur „zugefallen" ist, machen Sie sich selbst zu einem machtvollen Wesen, zu einem, das vielleicht bisher noch nicht so gut wußte, was wann zu tun ist, aber immerhin zu einem, das über das notwendige Potential zur weiteren bewußten Gestaltung verfügt. Probleme, die man nicht hat, kann man selbstverständlich nicht lösen, und wehrlose Opfer haben keine Macht.

Daher betrachten Sie einmal alles in Ihrem privaten Umfeld und in Ihrer beruflichen Situation detailliert, ohne Schönfärberei oder Ausreden, und übernehmen Sie die Verantwortung für Ihre Partnerschaft, für Ihr Betriebsklima, für Ihren Kontostand, für Ihre Geschäftsbeziehungen, für die anfällige Elektronik in Ihrem Auto, für den Arbeitsmarkt, für die politische Situation und den Wechselkurs des Dollars. Für alles, was zu Ihrer Befindlichkeit beiträgt. Kritisieren Sie nichts und niemanden, auch nicht sich selbst, weisen Sie niemandem Schuld zu! Und dann überlegen Sie sich für jeden einzelnen Aspekt, was Sie wirklich wollen, mit wem oder was Sie mental kommunizieren können, mit wem aus der alltäglichen oder nichtalltäglichen Wirklichkeit Sie sich eine Zusammenarbeit wünschen und welche Sichtweisen und Einstellungen Sie zum Positiven verändern können. Benützen Sie die schamanischen Methoden mit aller Zuversicht und aller Vorfreude auf die neuen Erfahrungen, die sich schon morgen einstellen können. Ja, in der nächsten Stunde kann Ihnen schon ein „Wunder" begegnen.

PONO –
Wirksamkeit ist das
Maß der Wahrheit

I KA ʻŌLELO NO KE OLA, I KA ʻŌLELO NO KA MAKE.
Worte können heilen, Worte können töten.

Hier zeigt sich, wie pragmatisch HUNA ist. Dieser Satz meint, all das, was sich für Sie bewährt hat, was dazu beiträgt, daß Sie sich sicher und wohl befinden und mit dem Leben in allen Facetten gut zurechtkommen, macht Ihre persönliche Wahrheit aus. Völlig unabhängig davon, ob diese Ihre Betrachtungsweise für einen anderen nachvollziehbar ist oder nicht, ob ein anderer Ihre Sicht auf das Leben im Ganzen oder in einzelnen Aspekten teilt oder nicht. Niemand kann besser wissen, was für Sie selbst richtig ist, was sich angenehm und passend anfühlt, als Sie selbst. Und wenn Sie für sich eine Methode gefunden haben, die Ihnen die erwünschten Ergebnisse bringt, dann ist diese für Sie die beste der Welt. Zumindest solange sich keine mit noch besseren Ergebnissen gefunden hat.

In HAWAIʻI gibt es ein Sprichwort, das frei übersetzt so lautet: „Einen Experten erkennt man an seinen Resultaten." Wissen allein ist nicht genug, man muß es auch anwenden (können).

Gleichgültig, wie viele schwierige Bücher jemand schon gelesen, wie viele kostspielige Seminare jemand schon besucht haben mag, der Maß-

117

stab ist immer der gleiche: Entscheidend ist, was jemand davon in seinem alltäglichen Leben umsetzen kann, inwiefern sich dadurch seine Befindlichkeit, seine berufliche Lage, seine zwischenmenschlichen Beziehungen verbessert haben. Die in unseren Breiten so beliebte Methode, durch Eloquenz zu beeindrucken, könnte einem KAHUNA kaum imponieren. Der schaut sich an, wie ein Mensch lebt, wie gesund und gelassen er ist, wie er sich in ungewohnten Situationen verhält, wie es um seine Ausstrahlung und sein Energiefeld bestellt ist, wie liebevoll er mit sich und anderen umgeht. Die wunderbarsten Mentaltechniken nützen nichts, wenn man zwar klug über sie referieren, sie aber nicht einsetzen kann, wenn es darauf ankommt.

Das logisch-analytische Training während ihrer Schul- und Ausbildungszeit läßt manche Leute intellektuelle Zusammenhänge rasch erfassen, verführt sie manchmal aber auch dazu zu glauben, daß sie diese damit auch schon in ihr Leben integriert hätten. Bei HUNA zeigt sich das besonders deutlich. Alle Basisinformationen klingen simpel und leicht verständlich, die Auswirkungen können aber durchaus radikal sein. Dieses letzte HUNA-Prinzip besagt nun, daß es nur auf das Manifestieren der als richtig erkannten Grundsätze ankommt, alles andere sind mentale Arabesken ohne tiefere Bedeutung.

Wobei es aber, wie gesagt, nicht darum geht, HUNA als das beste und einzig richtige Gedankenmuster darzustellen. Es ist nur eines von vielen. „Zufällig" ist es das, mit dem ich mich wohlfühle, dessen Umsetzung mir leicht fällt und das ich für so attraktiv halte, daß ich es gerne weitertrage. Mehr nehme ich nicht für mich in Anspruch. Die Wahrheit, die einzige, für alle gültige, habe ich nicht zu verwalten. Bei HUNA ist es angenehmerweise schon systemimmanent, alle Denkmodelle nur für Denkmodelle, für beliebig und willkürlich zu halten, und die Verantwortung für die Auswahl des jeweils passenden dem „Wähler" zu überlassen. Wenn Sie HUNA bis hierher spannend und lustvoll und auch für sich selbst plausibel gefunden haben, dann macht es Ihnen hoffentlich auch Freude, sich in den folgenden Kapiteln an die praktische Anwendung zu machen.

Darüberhinaus ermöglicht Ihnen das Modell HUNA auch, für unterschiedliche Gelegenheiten unterschiedliche Sichtweisen zu entwickeln, beziehungsweise diejenigen, die sich schon bisher als erfolgreich und vergnüglich erwiesen haben, zu behalten und mit den neu dazu gekommenen zu verbinden. Es geht ja um Ihre persönliche Wahrheit im Hier und Jetzt, und nicht um starre Regeln, Dogmen und eherne Grundsätze für alle Lebenslagen, beziehungsweise über alle Lebenslagen hinweg. Richtig ist für Sie, was Sie in diesem Augenblick für angemessen und wohltuend halten, unabhängig davon, ob Sie das gestern genau so beurteilt haben und morgen ebenso empfinden werden. Sie müssen sich nicht ein- für allemal entscheiden und zu Ihrer Entscheidung stehen, auch wenn Sie sie inzwischen zutiefst in Frage stellen. Sie haben in jedem Augenblick jede Freiheit zu tun, was Sie für gut und richtig halten, aber auch die Freiheit, die Konsequenzen davon auf sich zu nehmen. Erinnern Sie sich an Konrad Adenauers Ausspruch: „Was interessiert mich mein Geschwätz von gestern!"?

Im Alltag springen wir ohnehin zwischen unterschiedlichen Denkmustern hin und her, je nachdem, welches wir gerade für praktikabel halten. So reden wir zum Beispiel davon, daß die Sonne auf- und untergeht, obwohl wir doch alle gelernt haben, daß sich die Erde dreht und um die – relativ – fix stehende Sonne bewegt. Wir machen das mit großer Selbstverständlichkeit, den meisten fällt es wahrscheinlich nicht einmal auf. Wir verwenden das Konzept, das die Kommunikation und den Umgang damit erleichtert, und geraten deshalb nicht in Konfusion. Alle wissen genau, was gemeint ist, wir haben uns mit unseren Mitmenschen darüber verständigt.

KAHUNAS gehen mit geistigen Strukturen und Betrachtungsweisen ganz bewußt um, aber sie sind keine Theologen, an keine Religion und an kein ein für allemal fixiertes Glaubenssystem gebunden. Sie sind Berater, „Techniker“, pragmatische Verwalter eines uralten Wissens, das sie aber immer an die gegebene Situation und an ihre Klienten adaptieren. Da es sowieso keine für alle verbindliche Wahrheit gibt, erwarten sie nie, daß sich ein anderer zuerst mit ihrem Denkmuster vertraut macht. Sie selbst begeben sich in das mentale System ihres Schützlings hinein und bemühen sich, seinen Glaubenssätzen gemäß Hilfe anzubieten.

PONO heißt wörtlich übersetzt Harmonie. Es geht also immer darum, die richtigen Entsprechungen zu finden, die Dinge und Personen zusammenzuführen, die auch zusammenpassen. Wenn das Ziel eines Menschen zum Beispiel „Heilung von einer schweren Krankheit“ heißt, ist die Wirksamkeit der Therapie das Kriterium. Alles, was den Klienten dem Ziel näher bringt, ist richtig, auch wenn sich daraus eine merkwürdige Mischung von Heilmethoden ergibt.

Ich kenne eine kluge Frau, die mit ungefähr 40 Jahren an einer inoperablen Form von Lymphdrüsenkrebs erkrankt war. Sie hatte sich mit dieser Diagnose aber nicht abgefunden, sondern sich mit allen Therapieformen beschäftigt, die sich für sie richtig angefühlt haben. Das heißt, sie absolvierte mehrere Chemotherapien, arbeitete mit einem Schamanen zusammen, fuhr regelmäßig zu einem Geistheiler in die Schweiz und machte auch noch eine Art Phytotherapie, das heißt, sie zerrieb täglich frische Heilpflanzen und legte den Brei auf bestimmten Partien des Körpers auf. Und das tat sie alles parallel, durcheinander und nicht hintereinander. Der Erfolg war großartig, der faustgroße Tumor schrumpfte in wenigen Wochen auf ein Viertel seiner Größe und verschwand im Lauf der nächsten Monate ganz. Seither ist sie gesund. Fragen danach, was denn nun wirklich geholfen habe, beantwortet sie so: „Es ist mir eigentlich ganz egal. Vielleicht war es die Kombination." Hauptsache, es hat gewirkt, darum geht es.

Widersprüche lassen sich nicht durch darauf Beharren und Festhalten auflösen. Diametral entgegengesetzte Gedanken sind eben nun mal unharmonisch. Durch rücksichts- und respektloses Verhalten läßt sich keine liebevolle Beziehung erzwingen, mittels besonders ignoranter Egozentrik knüpft man keine tragfähigen Freundschaften und mit gewaltsamen Methoden läßt sich kein Frieden herstellen. **Der Zweck heiligt also keineswegs die Mittel, ganz im Gegenteil, die Wahl der Mittel führt zu einem dementsprechenden Ergebnis. Gewalt erzeugt Gegenwehr und Lieblosigkeit verhindert Nähe und Verständnis.** Will man also Zuneigung und freundliches Zusammenleben fördern, muß man zu Methoden finden, die liebevoll und freundlich sind, und selbst offen und vertrauensvoll auf andere zugehen.

Stellen Sie sich vor, Sie sind mit einem Auto unterwegs und irgendwo falsch abgebogen. Würden Sie davon ausgehen, daß Sie doch noch an Ihrem Zielort ankommen, wenn Sie nur fest aufs Gaspedal stiegen und möglichst schnell auf der falschen Straße führen? Ist es nicht üblich und vernünftig, in so einem Fall umzukehren und die richtige Strecke zu suchen? Ja natürlich. Seltsam ist nur, daß dieses einfache Bild so oft weder auf private noch auf professionelle Bereiche übertragen wird.

KAHUNAS betrachten jedes Problem, jede Krankheit, jeden Konflikt, jedes wie auch immer geartete Dilemma als eine Störung der Harmonie im betreffenden Bereich. Und sie gehen davon aus, daß es immer Möglichkeiten gibt, diese wiederherzustellen. Und zwar mehr, als Ihnen bisher eingefallen sind, als Sie bisher ausprobiert haben. Die Tatsache, daß Sie noch zu keiner befriedigenden Lösung gekommen sind, heißt nicht, daß es keine gibt. Es heißt nur, Sie haben sie bis jetzt noch nicht gefunden. In dem Moment, in dem Sie beschließen, Ihr Spektrum zu erweitern und sich für neue Inspirationen zu öffnen, stehen Ihnen Tür und Tor zu neuen „Räumen", neue Aspekte Ihres Bewußtseins, neue Perspektiven offen.

Es bedarf also wieder einmal einer Entscheidung für ein Denkmuster, das Ihnen zu neuen Gesichtspunkten verhelfen kann. Dabei müssen Sie noch nicht notwendigerweise Klarheit darüber haben, auf welcher Straße Sie weiterfahren werden – um beim obigen Bild zu bleiben –, es genügt völlig, das Ziel neu anzuvisieren und ganz ohne Rechthaberei und Ideologie die Verbindungen zu benutzen, die in die richtige Richtung führen. Alles ist besser, als auf dem eingeschlagenen Weg, der sich nicht bewährt und vom Ziel weggeführt hat, zu beharren.

Wenn es sich also um eine Krankheit handelt, ist die Therapie die richtige, die zur Heilung führt. Geht es um die Verbesserung der Beziehung zwischen Menschen, ist das die Methode der Wahl, was das gegenseitige Verständnis, die gegenseitige Wertschätzung fördert. Und was zum beruflichen Erfolg beiträgt, ist offensichtlich das richtige Instrument, um aus einer schwierigen Lage wieder herauszukommen. Nicht „der Markt", „die Wirtschaftsprognose", „die Arbeitsmarktsituation" sind der Maßstab für die Zweckdienlichkeit Ihrer Vorgehensweise, einzig und allein das Resultat entscheidet darüber. Jeder Schritt in Richtung Ihres Zieles ist ein Schrtitt in die richtige Richtung.

Viele Menschen bleiben an bestimmten Plänen und Methoden hängen und geben auf, wenn diese nicht funktionieren. Sie machen ein paar Anläufe und resignieren, wenn sie damit nicht weiterkommen. Ist aber das Ziel, die Vision wichtig genug, sollten Sie sie nie aus den Augen verlieren, sondern Ihren Denkansatz verändern und darauf vertrauen, daß Ihnen schon neue Lösungen „zufallen" werden. So geben Sie Ihrem Unbewußten eine Ausrichtung vor, die es ihm ermöglicht, die vielen kleinen Detailentscheidungen eines Tages, über die niemand wirklich nachdenkt, in der richtigen Weise zu fällen. Ich meine damit die vielen alltäglichen Kleinigkeiten, die sehr entscheidend dafür sein können, Sie mit den entsprechenden Weggefährten, Partnern oder Kunden in Kontakt zu bringen oder Ihnen wesentliche Informationen zu übermitteln. Ihr Unbewußtes gibt den Impuls, fünf Minuten früher oder später aus dem Haus zu gehen, sich in ein bestimmtes Lokal zu setzen, einen kleinen Umweg zu machen, nach einer anderen Zeitung als der gewohnten zu greifen, bei einer bestimmten Fernsehsendung hängenzubleiben oder ohne ersichtlichen Grund einem Branchenfremden von

Ihrem Vorhaben zu erzählen. Und genau daraus können sich dann ganz neue Konstellationen entwickeln. Kurzum, Sie sind in den Genuß der berühmten glücklichen Zufälle gekommen, die natürlich keine sind.

Achten Sie dabei auf die „mentale Hierarchie": Pläne und Methoden < Ziele < Zweck < Werte! Wenn ein Plan nicht aufgeht, ist nur ein Plan nicht aufgegangen, aber es besteht noch kein Grund, ein Ziel aufzugeben. Wenn Ihre bisherigen Ziele Ihrem Lebenssinn nicht mehr entsprechen, ändern Sie sie. Wenn Ihr Lebenssinn im Widerspruch zu Ihren Werten steht, definieren Sie ihn neu. Ihre Werte vertreten die wichtigsten Kriterien, verraten Sie sie niemals, nur weil ein Konzept oder eine Methode versagt hat! Das wäre völlig unangemessen.

Wertvorstellungen, wie sie KAHUNAS entsprechen, sind:

IKE – Bewußtheit, Achtsamkeit
KALA – Freiheit
MAKIA – Konzentration, Ausrichtung
MANAWA – Friede
ALOHA – Liebe
MANA – Kraft, Selbstbewußtsein
PONO – Harmonie, Flexibilität

Ich möchte Ihnen diese „mentale Hierarchie" anhand von ein paar praktischen Beispielen erläutern, damit Ihnen die Rangordnung geläufig wird, zum Beispiel in bezug auf **das Thema Krankheit:**

Methode = Therapie
Ziel   = Genesung
Zweck   = liebevoller Umgang mit sich selbst und anderen
Wert   = Liebe

Oder im Beruf:

Methode = Werbekonzept
Ziel   = Umsatzsteigerung
Zweck   = gesicherte Arbeitsplätze für alle Mitarbeiter, Investition in
          einem Land, in dem dringend qualifizierte Arbeitsplätze
          benötigt werden, Einrichtung eines Fonds für kulturelle
          oder soziale Belange
Werte   = Freiheit, Selbstbewußtsein, Liebe

Oder in einer Partnerschaft:

Methode = Gespräch
Ziel   = Verständnis füreinander
Zweck   = harmonisches Zusammenleben, gegenseitige Unterstützung
Werte   = Liebe, Harmonie, Friede

Um beim letzten Beispiel zu bleiben, bedeutet das: Wenn es bisher nicht
gelungen ist, im Zweiergespräch mehr Verständnis füreinander zu entwickeln, kann man es ja im gemeinsamen Erleben, auf einer Reise,
beim Segeln oder beim gemeinsamen Renovieren einer alten Mühle fördern. Oder mit Hilfe einer Paartherapie oder beim Musizieren oder …
oder … oder …

Und wenn das Verständnis gewachsen ist, kann man sich mit anderen Bereichen, die zum respektvollen Miteinander gehören, befassen, mit gemeinsamen Interessen zum Beispiel oder mit beruflicher Zusammenarbeit, wenn man das will, oder mit dem gemeinsamen Engagement für ein karitatives Projekt oder dem Umgang mit Verwandten.

Die Vielfalt an Möglichkeiten auszuloten, die man bisher noch nicht genutzt hat, kann zu einem kreativen Abenteuer werden, es soll Ihre Lebensfreude vermehren und Sie allmählich erkennen lassen, über welch ungeheuer großes geistiges Potential Sie verfügen. Machen Sie ganz einfache, alltägliche Verrichtungen anders als gewohnt. Gehen Sie einmal einen anderen Weg als üblich zu Ihrem Arbeitsplatz, benutzen Sie ein anderes Verkehrsmittel als sonst, bestellen Sie im Restaurant Speisen, die Sie noch nicht kennen, lernen Sie eine zusätzliche Fremdsprache oder besuchen Sie eine Modern Dance-Vorstellung. Machen Sie aus Lust und Laune Dinge, für die Sie sich bisher keine Zeit genommen haben, trainieren Sie Ihre Flexibilität auf angenehme Weise. Gehen Sie spielerisch ans Werk, geben Sie Ihrem Schicksal eine Chance, Ihnen die Fülle von wunderbaren Alternativen zu Bewußtsein zu bringen. Damit es Ihnen nicht ergeht wie dem Mann in einem dieser weisen jüdischen Witze, der Tag für Tag auf den Knien lag und Gott bat: „Einmal, Herr, laß mich etwas gewinnen, im Lotto oder beim Preisausschreiben. Warum gewinnen immer die anderen? Bin ich denn weniger wert? Sieh meine Not, Herr, ich bitte Dich!" Bis eines Tages eine machtvolle Stimme von oben zu vernehmen war: „Moischele, gib mir 'ne Chance, kauf dir ein Los!"

Befragung Ihres Unbewußten

MAKA ´ALA KE KANAKA KĀHEA MANU.
Ein Mann, der Vögel anlockt, sollte damit rechnen, daß sie kommen.

KAHUNAS vertreten die Ansicht, daß komplizierte Methoden ganz generell keine besseren Ergebnisse bringen als einfache. Und sie meinen außerdem, daß unser Unbewußtes jeweils sehr genau weiß, was zu uns und unserer momentanen Weltsicht paßt, was sich unseren Denkmustern entsprechend richtig oder falsch anfühlt. Die Schwierigkeit kann höchstens darin bestehen, an die Informationen aus dem Unbewußten heranzukommen und sie auf die Ebene des Verstandesbewußtseins zu bringen. Ein Thema, mit dem sich nicht nur KAHUNAS beschäftigt haben, sondern das Magier und Schamanen in allen Erdteilen dazu bewogen hat, Divinations- oder Orakeltechniken zu entwickeln.

Die hawaiianischen Schamanen gehen aber – im Gegensatz zu manchen anderen Traditionen – nicht davon aus, daß damit der göttliche Wille erforscht wird und daß daher das Ergebnis der Befragung unbedingt umzusetzen sei. Sie halten die Antwort nicht für unveränderlich und das entschlüsselte Schicksal nicht für unentrinnbar, sie nehmen die Bewegung eines Pendels oder das Fallen der Steine als Mitteilung, die im Hier und Jetzt gilt, als Ausdruck eines bestimmten energetischen Status, als Momentaufnahme.

Die Divinationstechnik fungiert dabei als eine Art Übersetzung, als Ver-ständigungsmodus zwischen „unbewußt" und „bewußt". Wenn es eine Vereinbarung zwischen den verschiedenen Bereichen unseres Bewußtseins gibt, hat man sich quasi auf eine gemeinsame Sprache geeinigt. Damit ist im voraus festgelegt, was innerhalb dieser Methode was bedeutet. Das Verstandesbewußtsein kann also die unwillkürliche Bewegung der Hand, die ein Pendel hält oder sieben Steine wirft, beziehungsweise das Resultat dieser Bewegung interpretieren.

Im Folgenden möchte ich Ihnen eine Technik vorstellen, die auf den sieben HUNA-Prinzipien basiert und Ihnen dazu dienlich sein kann, an Informationen heranzukommen, die Ihnen auf der logisch-analytischen Bewußtseinsebene nicht zugänglich sind. Wichtig ist auch noch zu verstehen, daß die Begrenzungen von Raum und Zeit zu den Spielregeln (KALA) gehören, daß diese weder in einem philosophischen, physikalischen oder spirituellen Sinn als unverrückbar, objektiv und allgemeingültig angesehen werden können. Sie sind Resultat einer zwischenmenschlichen Vereinbarung, die unser Zusammenleben strukturiert und dieses damit in der uns vertrauten Form erst ermöglicht. Daraus folgt, daß Ideen, Inspiration und Intuition, lauter Impulse, die nicht aus dem Bereich der Logik kommen und auch nicht durch sie kontrollierbar sind, die also der genannten Vereinbarung auch nicht unterliegen, diese Grenzen nach Belieben überschreiten können. In der Kommunikation mit Ihrem Unbewußten werden Sie feststellen, daß Sie Dinge erfahren können, die sich auf räumlich oder zeitlich weit entfernte oder Ihnen gänzlich unbekannte Daten, Fakten und Personen oder auf nach jetzigem Wissen nicht absehbare Entwicklungen beziehen. Und dazu bedarf es keiner langen Ausbildung auf einem spirituellen Pfad, diese Fähigkeit gehört zu unserem Erbteil als Homo sapiens.

Daß Ihnen dieser Zugang bisher verwehrt war, kann zwei Ursachen haben – abgesehen davon, daß Begabungen unterschiedlich stark ausgeprägt sein können. Schließlich können grundsätzlich alle durchschnittlich gesunden Menschen sprechen, auch wenn nicht jeder ein Meister der Redekunst ist. Die eine Ursache kann darin bestehen, daß Sie diesen Teil Ihres Bewußtseins noch nie erkundet haben, daß Sie bisher noch gar nicht wahrgenommen haben, wie weit Ihr Potential wirklich reicht. Und das zweite Hindernis kann in Ihrem Weltbild stecken, in der Tatsache, daß Sie solche Verbindungen zu anderen Bewußtseinsebenen bisher nicht wahrhaben wollten oder sich selbst die Fähigkeit, damit umzugehen, bisher nicht zugestanden haben. Daß etwas so Unwägbares, Numinoses nicht sein sollte und durfte. Sonst kennt man sich ja gar nicht mehr aus in dieser Welt.

Wenn Sie mögen, können Sie eine typisch hawaiianische Form der Kommunikation zwischen bewußtem und unbewußtem Selbst leicht erlernen und die sieben HUNA-Prinzipien als Verständigungsmodus einführen. Dazu brauchen Sie nur sieben farbige Steine, entsprechend den Farben, die den einzelnen Sätzen zugeordnet sind. Oder farbige Knöpfe oder was auch immer Ihnen gefällt. Theoretisch können Sie auch sieben verschieden geformte Gegenstände verwenden oder die Farben anders wählen, es geht schon wieder einmal nicht um die einzig richtige Entsprechung, sondern um eine willkürliche Zuordnung. Um die, die ich zwar in HAWAI'I so gelernt habe, die aber keineswegs verbindlich ist. Das entscheidende Kriterium ist auch in diesem Fall Ihre persönliche Befindlichkeit dazu.

	IKE	
Aufmerksamkeit, Achtsamkeit „Ratgeber"	Die Welt ist, wofür du sie hältst. *weiß*	Ignoranz
	KALA	
Freiheit	Es gibt keine Grenzen. *rot*	Begrenzung, Streß, Beschränkung
	MAKIA	
Fokus, Konzentration	Energie folgt der Aufmerksamkeit. *orange*	Verwirrung, Mangel an Ausrichtung
	MANAWA	
Friede, Ausdauer Hier + Jetzt	Jetzt ist der Augenblick der Macht. *gelb*	Konflikt mit Menschen oder Umständen, Verzögerung
	ALOHA	
Liebe	Lieben heißt, glücklich sein mit … *grün*	Wut, Haß
	MANA	
Kraft, Zuversicht, Selbstvertrauen	Alle Macht kommt von innen. *blau*	Angst, Schwäche, Hilflosigkeit, Zweifel, Besorgtheit
	PONO	
Harmonie Flexibilität	Wirksamkeit ist das Maß für Wahrheit. *violett*	Disharmonie Rigidität, falsche Methode

Hawaiianer kennen eine simple Form der inneren Sammlung, die PIKO-PIKO (Zentrum-Zentrum) heißt. Dabei wandern Sie mit dem Fokus Ihres Bewußtseins in Ihrem Körper herum, das heißt, Sie lenken Ihre Aufmerksamkeit auf bestimmte Bereiche und kombinieren diesen Vorgang mit der Atmung. Sie atmen also mit der Aufmerksamkeit im Scheitel ein und mit der Aufmerksamkeit im Nabel aus, dann atmen Sie mit der Aufmerksamkeit im Genitalzentrum ein und wieder mit der Aufmerksamkeit im Nabel aus. Das wiederholen Sie ein paar Male, bis Sie spüren, daß Sie innerlich in Balance sind, daß die Energie in Ihnen ungehindert fließt. Machen Sie das vielleicht eine Minute lang, oder eben so lange, wie Sie es für angemessen halten. Dabei halten Sie die Steine in der Hand und formulieren Sie Ihre Frage.

Danach lassen Sie die Steine auf einen geeigneten Platz, vielleicht ein zuvor ausgebreitetes Tuch, fallen und beachten Sie die Konstellation der Steine. Der dem weißen, dem „Ratgeber", am nächsten liegende gibt Ihnen die Antwort auf Ihre Frage. Falls es zwei Steine gibt, die in etwa gleich weit weg liegen, ziehen Sie alle beide zur Deutung heran.

Noch ein paar Erläuterungen zur Fragestellung: Es empfiehlt sich, entweder danach zu fragen, worin bisher die Blockade eines Projektes bestanden hat, was es zu verändern gilt, oder danach, welche Energie verstärkt werden sollte, um ein Unternehmen besser in Gang zu bringen, was zu beachten ist, damit alles wunschgemäß laufen kann. Damit meine ich, Sie haben die Wahl, eine Frage nach dem Hindernis oder nach dem vorhandenen Problem zu stellen, oder sich nur für die Perspektiven zu interessieren, also dafür, welche Kraft noch zusätzlich benötigt wird, um zu positiven Resultaten zu kommen.

Oder Sie möchten eine Frage stellen, die mit Ja oder Nein zu beantworten wäre, und nehmen deshalb nur drei Steine zur Hand, einen roten für Nein, einen grünen für Ja und dazu den weißen als „Ratgeber". Der dem weißen näher liegende Stein gibt auch in diesem Fall die Antwort.

Natürlich können Sie auch mehrere Fragen nacheinander stellen und so allmählich zu einem klar definierten Ergebnis kommen.

Ich habe betont, daß es sich bei den Ergebnissen der Befragung Ihres Unbewußten um die Erkundung des momentanen Zustandes, der gegenwärtigen Befindlichkeit zu einem Thema handelt. Das behalten Sie bitte im Auge. Es geht nicht um die Erforschung des göttlichen Willens, dem Sie sich unbedingt zu fügen hätten. Und weil das so ist, haben Sie die Möglichkeit, diese Information zu verarbeiten und sich eine neue Sichtweise zu diesem Ihren Thema anzueignen. Sobald Sie einen neuen Zugang gewählt haben oder Bereitschaft zeigen, Ihren Anteil am Schlamassel konstruktiv zu verändern, nimmt auch Ihr Unbewußtes dieses Geschehen wahr und reagiert darauf: Sie erhalten ein neues Ergebnis.

Wenn Sie sich wirklich wie ein kundiger Magier verhalten wollen, das heißt, wenn Sie bewußt mit dem nichtmateriellen Teil dieser Welt umgehen wollen, können Sie auch so vorgehen, wie ich Ihnen an einem Beispiel ausführe: Angenommen, es gibt ein Angebot zur Zusammenarbeit mit einer Firma in der gleichen Branche und es handelt sich um ein Projekt in einer Größenordnung, die für jeden einzelnen allein zu umfangreich wäre. Das Projekt interessiert Sie sehr, es eröffnet ganz neue Perspektiven, aber Sie haben auch einige Bedenken. Schließlich müssen Sie sich dafür vielleicht von einem Konkurrenten in die Karten schauen lassen oder sich an eine andere Firmenstruktur anpassen oder sind gar nicht sicher, ob Ihnen das Ganze nicht doch über den Kopf wachsen könnte. Es spricht also einiges dafür und einiges dagegen. Sie stimmen sich also ein, nehmen den weißen, roten und grünen Stein in die Hand und stellen nun die Frage: „Ist es richtig für mich, in dieses Projekt einzusteigen, oder nicht?"

Das Ergebnis sieht so aus: Der rote Stein liegt nahe dem weißen, die Antwort lautet „Nein". Sie würden aber doch so gerne einsteigen, Sie sind eigentlich Feuer und Flamme dafür, Sie wissen nur noch nicht, ob die Sache auch für Sie gut ausgehen wird. Die Antwort Ihres Unbewußten, dieses „Nein", bedeutet nun, daß es im Moment und unter den gegebenen Voraussetzungen, nämlich auch gemäß Ihrer derzeitigen Einstellung zu verschiedenen Aspekten des Projektes, schiefgehen würde.

Als erfahrener Magier schätzen Sie diese Antwort hoch ein, immerhin bewahrt sie Sie vor einem geschäftlichen Disaster, gleichzeitig übernehmen Sie aber jede Verantwortung für sich und Ihre Denkmuster und auch die mögliche Veränderung derselben. Im Klartext heißt das, Sie nehmen den roten und den grünen Stein und lassen sie mit einer entschlossenen Geste Platz tauschen. Dabei sprechen Sie Ihr Unbewußtes mit Autorität an und sagen ihm: „Höre, liebes Unbewußtes, ich will mich aber an diesem Projekt beteiligen, und ich will, daß das auch gut klappt!" Sie programmieren sich selbst quasi neu, richten sich auf ein positives Ergebnis dieser Zusammenarbeit aus. Die nächste Frage, die Sie aber dann auch bereit sein müssen zu stellen, lautet: „Und was muß ich verändern, damit dieses erwünschte Resultat auch erzielt werden kann?" Dann nehmen Sie wieder alle sieben Steine auf und fragen nach, welche Energie Sie zuführen müssen, welchen Aspekt Sie besonders beachten müssen, damit sich Ihr Wunsch in der Realität manifestieren kann. Alles klar?

Wichtig bei dem ganzen Vorgang ist, daß Sie sich immer Ihrer Autorität bei allem, was Sie selbst betrifft, bewußt bleiben, daß Sie sich niemals als ohnmächtiges Opfer seltsamer Mächte fühlen, daß Sie sich selbst und den Informationsquellen, zu denen Ihr Unbewußtes intuitiv Zugang erhält, vertrauen.

Wenn Sie sich angewöhnen, zur Befragung der Steine ein bestimmtes Tuch aufzulegen oder andere Vorbereitungen zur Einstimmung zu treffen, wird sich Ihr Unbewußtes auf diese Signale einstellen und sich von Mal zu Mal schneller und leichter auf den Dialog einlassen.

Wenn es schnell gehen soll und keine Zeit für Einstimmungen ist, sprechen Sie Ihr Unbewußtes direkt an und erklären Sie ihm, daß Sie jetzt ganz dringend eine brauchbare Information oder Entscheidungshilfe brauchen. Dann werfen Sie eine Münze, deren Seiten Sie zuvor „Ja" und „Nein" zugeordnet haben, und interpretieren die Antwort in der vorher beschriebenen Weise. Ein „Ja" heißt, alles paßt, Sie sind gut unterwegs, und ein „Nein" bedeutet „nochmal nachdenken, die einzelnen Faktoren nochmals prüfen, die eigene Einstellung konstruktiv verändern".

Eine weitere Möglichkeit, sich Inspiration und neue Ideen zu holen, besteht darin, sich vor dem Einschlafen darauf zu programmieren. Die Phase direkt vor dem Einschlafen oder direkt nach dem Aufwachen eignet sich besonders gut für die Kommunikation mit dem Unbewußten, in der

Entspannung kommen Sie an alle Ihre Ressourcen besser heran. Das gilt ganz generell. Nehmen Sie dafür kurz vor dem Schlafengehen ein Glas Wasser in beide Hände und sagen Sie sich: „Alles, was ich tun muß, um einen Hinweis zu bekommen, ist, dieses Glas Wasser zu trinken." Dann trinken Sie es zur Hälfte aus, stellen das Glas mit der restlichen Flüssigkeit neben Ihr Bett und schlafen. Ihr Unbewußtes hat nun Zeit, sich diese Neuprogrammierung anzueignen. Am Morgen nehmen Sie das Glas, halten es wieder in beiden Händen und wiederholen die Programmierung vom Vorabend. Dann trinken Sie den Rest aus.

Sie werden die Erfahrung machen, daß sich Ihr Unbewußtes allerlei Tricks einfallen läßt, um Sie mit der benötigten Information zu versorgen. Vielleicht hält es Sie durch eine Kleinigkeit auf, damit Sie genau in dem Moment um eine Straßenecke biegen, in der eine für Sie wichtige Person aus der Gegenrichtung kommt. Oder es sorgt dafür, daß Sie aus einer Laune nach einem Buch oder einer Zeitschrift greifen, in der Sie etwas Wissenswertes finden. Oder es hindert Sie mittels irgendeiner Banalität daran, gleich auf einen anderen Fernsehkanal umzuschalten, sodaß Sie ein für Sie bedeutsames Interview gerade noch mitbekommen. Oder Sie hören in einem Café ein Gespräch am Nachbartisch mit, das in Ihrem Geist allerhand in Bewegung setzt. Möglichkeiten gibt es unendlich viele. Sobald Sie Ihrem Unbewußten einen klaren Auftrag gegeben haben, arbeitet es auch schon an der Umsetzung.

Der Punkt, auf den es dabei ankommt, ist, daß Sie sich nicht mehr nur auf Ihren Verstand, auf das logisch-analytische Denken verlassen, sondern daß Sie sich darüber klar werden, daß Sie über ein weit größeres Spektrum an Möglichkeiten verfügen, als es Ihnen

die Logik allein erschließen könnte. Das Verstandesbewußtsein funktioniert ähnlich wie ein Computer, es verarbeitet die Daten, mit denen es gefüttert worden ist. Damit will ich sagen, alle Erfahrungen und Informationen, die Sie bisher gespeichert haben, bilden die Grundlage der Hochrechnungen, die die Logik anstellt. Daher sind die Ergebnisse dann absolut richtig, wenn Sie über 100 Prozent Information verfügen. Sobald Ihnen aber etwas davon abgeht, wird die Wahrscheinlichkeit, daß die Prognosen zutreffen, immer geringer.

In komplexen Systemen – und menschliche Gruppen, Betriebe, Wirtschaftsverbände sind sehr komplex – ist es absolut unmöglich, an alle notwendigen Informationen heranzukommen. Sie können nicht alles über den Gesundheitszustand aller Beteiligten, über ihre privaten Querelen, über ihre Ängste und Wünsche und über die Verquickungen untereinander, Sym- und Antipathien logisch auflisten und alle Wechselwirkungen, die sich gegenseitig aufhebenden sowie die einander verstärkenden, abschätzen. Ebensowenig können Sie alle ökonomischen und ökologischen Entwicklungen, alle Naturereignisse oder Klimaveränderungen und deren Konsequenzen in der globalen Vernetzung einplanen. Aber Sie können sehr wohl intuitiv erfassen, was gerade paßt oder nicht, welcher Weg, welche Partnerschaft sich richtig anfühlt. Die Fähigkeiten Ihrer rechten, intuitiv-kreativen Gehirnhälfte sind zwar in unserer Kultur weniger trainiert, aber selbstverständlich in jedem Menschen angelegt und verfügbar. Sie stehen Ihnen immer zur Verfügung.

Und ein weiterer Gradmesser für die Stimmigkeit all Ihrer Entschlüsse und Unternehmungen ist in folgender Überlegung enthalten: Vermehrt das, was Sie gerade planen oder durchführen, Liebe und Freude in Ihrem Leben? Ja oder nein?

KAHUNAS halten, immer wieder sei es gesagt, die Liebe für die stärkste Macht im Universum. Das heißt, wenn Sie sich mit dieser Energie verbünden, wenn Sie Liebe und Respekt zu Ratgebern für alle Ihre Gedanken, Worte und Taten machen, sind Sie auf jeden Fall gut beraten. Alle Entscheidungen, die Sie vor diesem Hintergrund fällen, werden Ihnen à la longue wohltun, Sie werden auf eine Weise erfolgreich sein, die Sie nicht automatisch in Konflikt mit Mitarbeitern oder Konkurrenten geraten läßt, die Sie vielmehr in Harmonie mit anderen schwingen läßt.

Verwechseln Sie aber ALOHA nicht mit Vorstellungen von Selbstaufgabe, von Unterdrückung Ihrer existentiellen Bedürfnisse, von Schwäche und Niederlage. Zur Liebe gehört immer auch die Selbstliebe, die dafür sorgt, daß Sie Lösungen finden, die allen oder zumindest möglichst vielen gerecht werden können, daß Sie stark, mutig, frei, gesund und fröhlich sind.

Vergangenheit verändern und Zukunft gestalten

O KA PONO KE HANA 'IA A IHO MAI NA LANI.
Bleib dabei, Gutes zu tun, dann kommt der Himmel zu dir herunter.

Um zu erklären, wie es möglich ist, in das einzugreifen, was wir „normalerweise" als vergangen und damit unveränderlich betrachten, beziehungsweise uns eine Zukunft zu erschaffen, wie sie unseren Wünschen entspricht, möchte ich im Folgenden das Konzept der KAHUNAS zu den Funktionen des Selbst kurz erläutern. Die drei Funktionen oder Bereiche des an sich ungeteilten Selbst entsprechen nicht dem, was wir aus der westlichen Psychologie als Wach- oder Unterbewußtsein, als Ich, Über-Ich und Es oder inneres Kind kennen. Das Modell, das die Hawaiianer im Laufe von Jahrhunderten entwickelt haben, kommt Ihnen wahrscheinlich simpler vor als das, das Sie bisher angewandt haben. Fast zu simpel vielleicht. KAHUNAS sind eben, wie gesagt, nicht der Meinung, daß komplizierte Systeme besser seien als einfache.

Grundsätzlich halten Schamanen die Zeit für ein Phänomen der zwischenmenschlichen Vereinbarungen, aber nicht für etwas objektiv und für alle in der gleichen Weise Gültiges. Jeder von Ihnen hat es schon oft erfahren, wie relativ Zeit sein oder erscheinen kann. Sicher haben sich die Minuten schon gezogen, während Sie auf etwas Wichtiges gewartet haben, und ebenso gewiß ist Ihnen die Zeit auch schon verflogen, wenn Sie mit etwas Spannendem oder Angenehmem beschäftigt waren.

Der Zustand, in dem schamanische Arbeit vorwiegend stattfindet, wird von Gehirnforschern Alpha-Zustand genannt und zeichnet sich durch ein Gefühl der Entspannung, der Gelassenheit, aber auch durch den Verlust des Zeitgefühls aus. Es ist die Zwischenphase, die Sie alle direkt vor dem Einschlafen und direkt nach dem Aufwachen durchleben, in der Sie zwar noch oder schon genau wissen, in welchem Raum Sie sich befinden, und gleichzeitig Zugang zu anderen Wirklichkeiten, der Traumwelt zum Beispiel, haben. In diesem Zustand arbeitet Ihr Gehirn anders, der Wechsel zwischen Spannung und Entspannung in den einzelnen Gehirnzellen findet nur circa zehnmal pro Sekunde statt. Im Wachbewußtsein beträgt die Gehirnstromfrequenz zwanzig Hertz und mehr, je nach Anspannung und Streß. In Alpha bleibt mehr Spielraum, Informationen zuzuordnen und zu speichern, beziehungsweise auf die Eingebungen der Intuition und Inspiration zu achten. In dieser Phase benützen wir verstärkt die Ressourcen der rechten, intuitiv-kreativen Gehirnhälfte, das heißt, unsere Fähigkeit, neue Assoziationen und Lösungsansätze zu finden. Ein Schamane würde sagen, wir haben Zugang zu anderen Wirklichkeiten jenseits der Begrenzungen durch Zeit und Raum.

KAHUNAS nennen die Bereiche des Selbst KU, LONO und KANE und beschäftigen sich mit dem sinnvollen Zusammenwirken von deren Funktionen. In ihrem Konzept steht KU für das Körperbewußtsein, für den Teil, dem Erinnerung, Lernen, Verhalten und Gewohnheit, aber auch Aktivität und Wohlbefinden zugeordnet werden. LONO ist das Verstandesbewußtsein, der Bereich des

Intellekts, der Analysen und Entscheidungen. Und KANE stellt den Bereich des „Höheren Selbst" dar, die Verbindung zum Göttlichen, den göttlichen Funken in jedem Menschen. KANE ist zuständig für Spiritualität, Kreativität, Intuition und Inspiration.

LONO erstellt die Konzepte, die Denkmuster, die von KU durchgeführt, in der physischen Welt umgesetzt werden. KU ist folgsam, tut, was LONO ihm sagt, fühlt sich damit gut oder weniger gut und äußert via Befindlichkeit oder sogar Krankheit, wie mehr oder weniger tauglich das vorgegebene Denksystem dafür ist, mit sich selbst und der Umwelt in Harmonie zu sein. Im Idealfall prüft LONO die Erfahrungen aus KU und paßt die Denkmuster entsprechend an, um zu besseren Ergebnissen zu kommen. Das heißt, sobald KU meldet, daß sich aus der Konfrontation einer LONO-Sichtweise mit Faktoren der Umgebung, menschlichen und anderen, Konflikt oder Unwohlbefinden beliebiger Art ergibt, hat LONO die Möglichkeit, ein neues Konzept, eine neue Einstellung zum Thema, neue Gesichtspunkte oder neue Lösungsansätze vorzugeben oder die Aufmerksamkeit ganz bewußt auf andere Themen zu lenken. Letzteres bedeutete aber nicht „Verdrängen", sondern ein bewußtes Umlenken der mentalen Energie auf etwas, was man ehrlich schätzt und anerkennen kann. **HUNA unterscheidet sich ganz grundsätzlich vom (vielleicht mißverstandenen) positiven Denken dadurch, daß in diesem hawaiianischen Denkmodell ein Problem immer als solches anerkannt wird – in dem Wissen, daß es zu lösen ist, daß man ihm niemals hilflos ausgeliefert ist.**

KU liebt es, zu spielen, Spaß zu haben, genießt die Lust am eigenen Körper und verfügt über ein großes Wissen um ihn. Es steuert alle unwillkürlichen Körperfunktionen und reagiert via Körper auch auf Konstellationen, die sich unharmonisch anfühlen. Wenn sich zum Beispiel ein Mensch ständig überfordert, sich nur über Leistung und den Triumph über Konkurrenten definiert, sich also die notwendigen Regenerationsphasen nicht zubilligt und sich tendenziell mehr in Kampf und Auseinandersetzung als in Liebe zu sich und anderen und in Harmonie mit seiner Umgebung befindet, beweist KU eine Zeitlang, daß es auch diese Situation bewältigen kann. Irgendwann verschafft es sich aber die nötige Aufmerksamkeit, die ihm LONO nicht freiwillig gewährt, mit drastischen Mitteln: Man bekommt eine Infektion oder hat einen Unfall, der einem die erforderliche Nachdenkpause einräumt. Sollte man auch diese Signale nicht beachten, kann es geschehen, daß KU mitteilt, so mache das Leben gar keine Freude mehr, es fehle ihm jegliche Motivation, dieses Leben noch länger fortzusetzen – der Betreffende erkrankt schwer, ja lebensbedrohlich. Ein KAHUNA würde allerdings auch eine Krebserkrankung im fortgeschrittenen Stadium nicht für unheilbar halten, sondern sie als deutlichen Hinweis darauf deuten, daß es höchste Zeit sei, die Weichen umzustellen.

KU ist nur durch Liebe, Zuwendung, Anerkennung und Wohlbefinden, beziehungsweise die Aussicht darauf, zur konstruktiven Mitarbeit zu bewegen. Nur wenn es gelingt, die Balance zwischen den Bereichen des Selbst zu halten, wenn alle Bedürfnisse befriedigt werden, wenn LONO die Inspiration aus KANE und die Erfahrungen aus KU wahrnimmt und bereit ist, die intellektuellen Konzepte zu modifizieren, bleibt man gesund, freut sich seines Lebens und entwickelt sich weiter. Alle starren Strukturen sind lebensfeindlich und bringen einen bald in Konflikt mit einer sich weiterdrehenden

Welt. KU bezieht sich auf die Vergangenheit, auf bereits gemachte Erfahrungen, LONO bezieht sich auf die Zukunft und macht Pläne dafür, und KANE wirkt im Hier und Jetzt beflügelnd und ausgleichend – wenn man es läßt. (Ausführliches dazu ist in „Die Magie kehrt zurück" nachzulesen.)

Im schamanischen Sinn gibt es im jetzigen Moment weder Vergangenheit noch Zukunft, beide sind Fiktion und existieren nur in unserer Vorstellung. Für die Zukunft werden Sie das vielleicht leichter akzeptieren können als in bezug auf die Vergangenheit, aber ich gehe nun einmal davon aus, daß Sie meiner Argumentation im Kapitel „MANAWA" gefolgt sind. Vorstellungen, die sich angenehm bemerkbar machen, Ihre Befindlichkeit verbessern und Sie für den gegenwärtigen Moment stärken, sollte man selbstverständlich beibehalten. Warum sollten Sie auch etwas ablegen, was sich bewährt hat? Für alles, was sich aber hinderlich, schmerzlich und einschränkend auswirkt, gilt: Es steht Ihnen frei, es zu verändern! Immer wieder, beliebig oft, ganz wie Sie wollen.

Daß in KU alle Erfahrungen und Erinnerungen gespeichert sind, bedeutet nicht, daß sie unwiderruflich prägend sind. Wie sich diese gespeicherten Informationen im Hier und Jetzt auf Sie auswirken, hängt von Ihrer gegenwärtigen Überzeugung in bezug auf Ihre Erfahrungen ab. Solange Sie sie negativ bewerten, wirken sie destruktiv auf Sie. Ändern Sie Ihre Einstellung dazu, verändert sich die Auswirkung augenblicklich.

Betrachten Sie Ihre geistigen Konzepte wie ein Computerprogramm, wie etwas, das Ihnen beliebig lange zur Verfügung steht,

eben solange es Ihnen nützt und gefällt. Und analog dazu, wie Sie ganz selbstverständlich ein überholtes Programm löschen und durch ein Ihren Ansprüchen genügendes ersetzen, können Sie auch Ihre mentalen Muster tilgen oder umbauen, wenn Sie sich nicht mehr bewähren. Wer sollte Sie daran hindern können?

Zu meiner Verblüffung reden Leute oft über ihr Unbewußtes und seine Mechanismen, als sei dieses ein von ihnen getrennter Teil, dem sie höhere Autorität über ihr Leben und ihre Befindlichkeit zubilligen als ihrem Bewußtsein. Erstaunlich. Auch nur ein Denkmuster, aber eines mit weitreichenden Konsequenzen: Wie sollte jemand wirklich etwas in seinem Leben, in seinem Körper, seinem beruflichen Umfeld oder seinem privaten Netz verändern können, wenn ihm dieses Unbewußte, das sich seinem Zugriff entzieht, immer wieder einen Strich durch die Rechnung macht? KAHUNAS meinen vielmehr, daß auch dieser Bereich der eigenen Verantwortung unterliegt und gestaltbar ist, daß man ihm auf jeden Fall auf die Schliche kommen und mit ihm liebevoll zusammenarbeiten kann. Zum Beispiel mit Hilfe der sieben farbigen Steine.

Da es also bei den in KU gespeicherten Erfahrungen nur um eine subjektive Auswahl und Interpretation von Faktoren geht, ist es jederzeit möglich, einen neuen Zugang zu finden, einen neuen Standpunkt dazu einzunehmen und die Versatzstücke neu zu ordnen. Voilà – eine neue Erinnerung! Eine, die einen in der Gegenwart stärkt und stützt und die hilft, Liebe und Freude zu vermehren.

„Vergangenheit verändern" heißt also genau genommen „Erinnerung uminterpretieren". Ich gebe Ihnen ein paar Hinweise dazu: Fragen Sie sich selbst, wofür es wohl gut gewesen sein mag, sich diese Eltern, diese genetischen Voraussetzungen, dieses soziale Umfeld ausgesucht zu haben. Ich bin sicher, Ihnen fallen eine ganze Menge von Aspekten ein, die die genauere Beschäftigung damit lohnen. Überlegen Sie sich, inwiefern gewisse Ausbildungsbereiche, die Sie bisher für sinnlos und zeitraubend gehalten haben, zur Erfüllung Ihrer Träume beitragen und Ihr Spektrum erweitern können.

Als Beispiel kann meine eigene Geschichte dienen: Kindheit in einer Kleinstadt, humanistisches Gymnasium mit acht Jahren Latein- und sechs Jahren Altgriechischunterricht, Architekturstudium an der TU Wien, 27 Jahre Arbeit als Kostüm- und Bühnenbildnerin. Es wäre nun möglich, den kleinstädtischen Hintergrund entweder als hinderlich oder als starken Impuls, hinauszugehen und sich in der weiten Welt umzuschauen, zu sehen. Man könnte den altphilologischen Unterricht als ungeeignete Basis für ein technisches Studium und pure Zeitverschwendung oder als Erweiterung des geistigen Spektrums, als Garant dafür, daß man nicht zum Fachidioten mutiert, betrachten. Und man könnte die lange Zeit beim Theater und in der Filmbranche für ein ganz witziges, aber wenig bedeutendes Zwischenspiel oder für das beste schamanische Training überhaupt halten. Ich habe mich jeweils für die zweite Alternative entschieden und mir so die Möglichkeit eröffnet, aus meinem reichen Erfahrungsschatz zu schöpfen und mich dessen zu bedienen. Das würde nämlich nicht funktionieren, wenn ich diese Erinnerungen als Belastung und ohne Zusammenhang mit meinem jetzigen Lebensfokus sähe. So genieße ich die Fülle, fühle mich beschenkt und halte es im übrigen mit Oscar Wilde, der gesagt hat: „Auf das Notwendige kann ich verzichten, nur auf das Überflüssige nicht."

Ihre Einstellung zu Ihrer „Vergangenheit", Ihre Bewertung der Erfahrungen im Heute entscheiden grundsätzlich darüber, welche Wirkung diese auf Sie haben und haben werden. Etwas, was Sie geringschätzen, kann Ihnen nicht nützen, wie sollte es auch? Betrachten Sie den Umgang mit Ihren Erinnerungen als kreative Herausforderung, gehen Sie mit der Überzeugung heran, daß es immer und überall Facetten und Aspekte gibt, die man anerkennen kann. Und sei es, daß Sie aus einer schmerzlichen Erfahrung zumindest den Schluß ziehen können, daß Sie daraus etwas Wichtiges für den weiteren Weg gelernt haben, damit Ihnen so etwas nie wieder passieren kann.

Wollen Sie also ein nicht mehr taugliches Denkmuster loswerden, schreiben Sie es auf ein Blatt Papier und verbrennen Sie dieses in einem kleinen Ritual. Beeindrucken Sie KU durch den sinnlich wahrnehmbaren Vorgang der Transformation via Feuer. Und holen Sie sich mit einfachen Gesten die geläuterte Energie aus dem Feuer zurück, indem Sie sich ganz klar für ein neues, tauglicheres Konzept entscheiden. Beschließen Sie die Veränderung und das neue Modell, halten Sie sich nicht damit auf, zaghafte Versuche zu machen, sich mit der Möglichkeit der Unwirksamkeit und des Scheiterns zu befassen oder sich auf einen mühsamen, langdauernden Prozeß einzustellen. Das ist alles überflüssig und auch nur Ausdruck gewisser, verbreiteter Weltanschauungen. Nicht „das Richtige" oder „die Wahrheit"!

Ersetzen Sie Gewohnheiten oder Strategien, die sich nicht bewährt haben, durch neue, die sich lustvoll und vielversprechend anfühlen. Das Entfernen eines nicht mehr erwünschten Aspektes Ihrer Persönlichkeit hinterläßt, um das mit einem Bild zu unterstreichen, eine Art

145

Vakuum, ein Loch im Netz Ihrer Gedanken. Wenn Sie dieses nicht bewußt durch eine konstruktive, liebevolle Vorstellung ergänzen, hat KU die Neigung, sich den wohlbekannten geistigen Sperrmüll zurückzuholen. Haben Sie aber etwas Attraktiveres an die Stelle der alten Muster gesetzt, ist KU sofort bereit, sich danach zu richten. Vergessen Sie nie, es geht hier nicht um unverrückbare historische Fakten, sondern darum, unter welchem Blickwinkel Sie diese Ihre Auswahl betrachten und wieviel Einfluß Sie ihr heute noch zubilligen. Sagen Sie darum nicht: „Ich bin halt so und so …" oder „Das ist eben so und so …", sondern „Ich war bisher so und so, habe aber in jedem Moment alle Freiheit, mich zu verändern" und „Bisher habe ich die Dinge so und so eingeschätzt und bewertet – das hat sich nicht bewährt. Ab jetzt wähle ich eine neue Sichtweise und gebe den Dingen den Stellenwert, der zu meinem veränderten Denkmodell paßt. Und niemand kann mich daran hindern oder das Gegenteil behaupten."

Ähnliches gilt für den Umgang mit der „Zukunft", auch da geht es nicht um die unweigerlich auf Sie zusteuernde Realität, sondern um Vorstellungen, die Sie sich im Moment davon machen. Sind diese bedrohlich, malen Sie sich für sich selbst, Ihr Unternehmen oder Ihre Familie allerhand Unerfreuliches aus, halten Sie die Welt grundsätzlich und in dieser Zeit besonders für gefährlich, dann ist es auch kein Wunder, daß dadurch Ihre Lebensfreude, Ihre Lust an der Lösung der anstehenden Aufgaben und auch Ihre Kreativität eingeschränkt sind. Ich hätte auch keine Freude daran, mich unaufhaltsam auf einen Abgrund zuzubewegen.

Es gibt nur eine Art des Umgangs mit Horrorvisionen, die sich nicht schädigend auf Sie auswirken wird, nämlich die, daraus konstruktive

Schlüsse zu ziehen. Sobald Sie sich überlegen, inwiefern Sie selbst zu einer glücklicheren Perspektive beitragen können, haben Sie sich schon aus der lähmenden Umklammerung der Zukunftsangst herausgezogen. Alles, was Ihnen mental eine Türe öffnet, was Ihnen die Zukunft in einem rosigeren Licht erscheinen läßt, hilft Ihnen, an Ihre Ressourcen heranzukommen, Ihr geistiges, körperliches und emotionales Potential zu erschließen.

Außerdem dürfen Sie nicht vergessen, daß Ihnen auch bezüglich Zukunft niemals komplette Informationen zur Verfügung stehen. Anzunehmen, daß man selbst genau wisse, wie sich der Planet im Mikro- und Makrokosmos entwickeln werde, ist eigentlich eine Omnipotenzphantasie. Nicht einmal Meteorologen, Wirtschaftsforscher und andere kundige Propheten behalten in der Mehrzahl der Prognosen recht. Vor allem dann nicht, wenn sie das Objekt ihrer Untersuchungen für objektiv real und von sich selbst getrennt betrachten. Anders verhält es sich, wenn Menschen durch gezielte Information, also durch das Lenken der Aufmerksamkeit auf eine angestrebte Perspektive eine bestimmte Entwicklung forcieren, was ja in allen Medien ständig der Fall ist. Man sollte sich nicht der Illusion hingeben, daß durch Zeitungen, Radio oder Fernsehen die reine Wahrheit vermittelt wird. Das kann auch gar nicht sein. Schließlich entspricht schon die Auswahl der Berichte einer speziellen Tendenz, wie redlich der Berichterstatter auch um „Wahrheit" und Objektivität bemüht sein mag. Er ist in jedem Fall ein Mensch mit gewissen Wertvorstellungen und einer subjektiven Sicht auf die Welt.

Mein Freund Georg sagt: „Die einzige ehrliche Sendung im Fernsehen ist die Werbung. Da steht vorher 'Werbung' zu lesen, und dann wird auch wirklich geworben." Durch das, was im Werbeblock (und jeder anderen Sendung) zu sehen ist, werden natürlich Vorstellungen unterstützt, der mentale Fokus vieler Leute auf diese gelenkt und dadurch die Manifestation in der alltäglichen Wirklichkeit beschleunigt.

Dieselbe Strategie können Sie auch in Ihrem persönlichen Interesse anwenden, indem Sie sich ganz dezidiert Vorstellungen von dem machen, was Sie wünschen und anstreben. Indem Sie möglichst viel an das denken, was Sie mögen und schätzen, und möglichst wenig an das, was Ihnen nicht gefällt. Sollte es sich dabei um ausschließlich eigennützige Intentionen handeln, werden Sie die Erfahrung machen, daß die Interessen anderer Wesen dagegenstehen und Ihnen Ihre Arbeit mühsam machen. Begreifen Sie sich selbst aber als mit allem, mit allen Wesenheiten und Kräften, verbunden, übernehmen Sie die Verantwortung für Ihren persönlichen Platz im Universum und streben Sie danach, diesen zum Wohle aller – das nicht im Gegensatz zu Ihrem persönlichen steht – auch nach bestem Wissen auszufüllen, geht vieles plötzlich ganz leicht.

KU ist nur durch Liebe, Anerkennung und Wohlbefinden zu motivieren, habe ich geschrieben, und daraus folgt, daß Sie es zur respektvollen Zusammenarbeit bewegen können, indem Sie ihm sinnliche, detailreiche Vorstellungen als Fokus anbieten, die ihm diesen Eindruck suggerieren. Diese Imaginationen sollten sich „sinnlich" anfühlen, damit meine ich, KU sollte durch die Beschäftigung damit in allen sinnlichen Aspekten bewegt werden. Wenn Sie sich zum Beispiel wünschen, endlich aus den roten Zahlen herauszukommen, hilft es wenig, sich Kontoauszüge mit eindrucksvollen Summen im Plus auszudenken. Damit fängt KU wenig an, das ist ihm zu abstrakt. Verbinden Sie Ihren wirtschaftlichen Aufschwung aber mit Vorstellungen von einer wunderbaren Reise, die Sie sich dann gönnen werden, oder von einem Fest, auf dem Sie sich bei Ihrer gesamten Belegschaft für den tatkräftigen Einsatz bedanken und ihr eine Prämienauszahlung ankündigen, dann kann sich KU schon auf die Realisierung dieser Pläne freuen und wird alle die kleinen Detailentscheidungen, die an LONO vorbeigleiten, in der besten Weise treffen. Es wird Sie den richtigen Leuten begegnen und den richtigen Zeitpunkt für heikle Verhandlungen finden lassen und besondere Mittel und Wege wählen, Ihnen entscheidende Informationen nahezubringen. Sie können sich auf sich selbst und Ihr KU blindlings verlassen, es macht keine Fehler. Es erfüllt Ihre Vorgaben genau. Wenn Ihnen an den bisherigen Ergebnissen manches nicht behagt hat, kann es – jedenfalls gemäß HUNA – nur an Ihren Denkmustern, den bewußten und den unbewußt abgespeicherten, liegen. Alles, was KU, und damit natürlich Ihnen selbst, Anerkennung, Liebe und Wohlbefinden beschert, alles, was Ihnen schon im voraus bestätigt, daß Sie mit der Erfüllung Ihrer Wunschvorstellungen nicht nur sich selbst, sondern auch noch Ihnen anvertrauten, von Ihnen abhängigen Menschen genützt haben, wird Ihre Energie verstärken.

Nach Ansicht der KAHUNAS sind die einzigen Projekte, die sich auf Dauer auch wirtschaftlich lohnen, diejenigen, die möglichst vielen Wesen zugute kommen und daher keine negativen Emotionen und keinen Widerstand bei anderen auslösen. Es geht nicht darum, etwas für sich zu beanspruchen, was dadurch anderen versagt bleibt. Auch dahinter steckt nur ein Denkmuster, nämlich das, daß die Ressourcen begrenzt sind und es daher immer um ein Entweder-Oder geht. Entweder Sie erhalten einen lukrativen Auftrag, oder es setzt sich ein anderer durch, entweder Ihre Bewerbung um eine Führungsposition geht durch oder eben die einer anderen Person und so weiter … Geht man aber davon aus, daß dieser Kosmos unendlich ist und daß Harmonie darin besteht, daß jeder das ihm Entsprechende, zu ihm Passende erhält, ist man augenblicklich nicht mehr in einem Konkurrenzverhältnis, sondern mit unterschiedlichen Zielen beschäftigt. Löschen Sie das Programm: „Alles, was ich für mich beanspruche, muß jemandem anderen vorenthalten oder weggenommen werden" und ersetzen Sie es durch: „In jedem Augenblick verfüge ich ich über alles, was ich in diesem Augenblick benötige. Es gibt für mich, wie für jeden anderen auch, den richtigen, passenden, angemessenen Platz – im privaten Kreis, in einer Firma, in der gewählten Branche und im ganzen Universum."

Alle destruktiven, lieblosen Gedanken schwächen Ihren eigenen körperlichen und geistigen Zustand sofort – und jemanden besiegen, austricksen oder übergehen zu wollen, ist eindeutig kein Zeichen einer respektvollen Haltung, damit können Sie sich in Ihrer Haut niemals wohlfühlen. In der einen oder anderen stillen Stunde, in der Sie nicht vom Tagesgeschehen abgelenkt waren, ist Ihnen das vielleicht auch schon einmal bewußt geworden. KU wehrt sich gegen jede Art von Lieblosigkeit, ob nach innen oder nach außen, und legt sich quer. Daher müssen Sie den Druck auch sich selbst gegenüber immer weiter verstärken, um noch einigen Effekt zu erreichen. Das ist eine Erfahrung, die auch in der langen Geschichte schamanischer Hochkulturen mehrfach gemacht worden ist. So berichten auch die Mayas, daß ihre Vorfahren ihre mentale Macht mißbraucht haben und so den Kontakt zu den Wesenheiten im Kosmos und deren Unterstützung verloren haben. Mit immer schlimmerer Rücksichtslosigkeit und Grausamkeit und mit immer größeren Opfern versuchten sie die Bestätigung ihrer Herrschaft zu erzwingen, schwächten sich selbst aber dadurch im Spirituellen so sehr, daß es für eine Handvoll Europäer ein leichtes war, sie zu überwältigen. Wirklich erfolgreiche, charismatische Menschen benehmen sich niemals wie Mafiabosse. Sie versuchen nicht, ihre Position zu verteidigen, indem sie Angst und Schrecken verbreiten. Sie würden sich dadurch selbst einschränken, sich jeglicher Unterstützung in Form von glücklichen „Zufällen", den Geschenken aus der Anderwelt, berauben und auch von ihren Untergebenen sofort fallengelassen, wenn sie einmal Schwäche zeigen. Sie vertrauen vielmehr sich und den anderen, ihren Mitmenschen ebenso wie anderen Wesen. Schließlich kann jeder von uns mit der Kraft in allen und allem liebevoll zusammenarbeiten (MANA) und wahre Wunder wirken.

Die Liebe ist die größte Macht im Universum, und alles, was Sie unter diesem Gesichtspunkt planen, wird Ihnen gelingen. Sie werden Wohlwollen und Bestätigung finden, wo Sie es bisher nicht erwartet haben, und Lösungen entwickeln, die Sie sich früher nicht hätten träumen lassen. Der innere Reichtum steht nicht im Widerspruch zum äußeren, soferne Sie Ihren Wohlstand nicht mit dem Denkmuster verknüpfen, daß es dafür anderen schlechter gehen muß, daß ihn Ihnen andere mißgönnen und wegnehmen wollen, daß Wohlstand nur auf Kosten von anderen Wesen, die man geringschätzt, möglich ist. Die Tatsache, daß es Ihnen an Leib und Seele gut geht, heißt nicht, daß das in einem unendlichen Kosmos und dank einem allmächtigen, göttlichen Wesen anderen versagt bleiben muß. Entscheidend ist nicht die Gerechtigkeit, die allen das Gleiche zugesteht, sondern die Harmonie, die dadurch entsteht, daß jeder zu dem ihm Entsprechenden findet. Wenn er sich das vorstellen kann.

Kommunikation

I KANAKA NO ´OE MĀLAMA IKE KANANA.
Du wirst gut bedient, wenn du die Person achtest, die dich bedient.

Wenn es Ihnen auch schon bisher gelungen ist, Ihre Mitmenschen im privaten und beruflichen Umfeld gut zu verstehen und – was vielleicht manchmal noch wichtiger ist – sich selbst gut verständlich zu machen, dann überblättern Sie dieses Kapitel einfach. Sollten Ihnen aber da und dort doch hin und wieder Situationen begegnen, in denen Sie sich nicht sicher sind, daß genau das bei Ihrem Gegenüber angekommen ist, was Sie wirklich mitteilen wollten, sollten Sie sich hin und wieder doch unverstanden vorkommen oder sehen Sie an den Reaktionen und Ergebnissen der Umsetzung, daß irgendetwas den Fluß der Kommunikation behindert haben muß, dann lohnt es sich, dieses Thema einmal aus der Sicht der hawaiianischen Schamanen zu betrachten.

Die anderen sind anders und haben jedes Recht der Welt, anders zu sein. Die Annahme, daß jeder Mensch nicht mehr als circa ein Dreißig- bis Vierzigtausendstel aller Reize und Impulse, die in jedem Augenblick auf ihn einwirken, bewußt verarbeiten kann, steht keineswegs im Widerspruch zu dem jahrtausendealten Wissen der KAHUNAS. Aufgrund dieser physiologischen Struktur kann es leicht vorkommen, daß zwei Menschen gleichzeitig im selben Raum sitzen, sogar miteinander reden und trotzdem in zwei völlig verschiedenen Filmen agieren. Wir alle haben basierend auf unseren bewußten Denkmustern und vor allem auch auf unseren unbewußt übernommenen Überzeugungen, auf unserem kulturellen und sozialen Background und den bisher daraus resultierenden Erfahrungen, aber auch entsprechend unserem momentanen Zustand, der mehr oder weniger entspannt, körperlich mehr oder weniger gut und auch psychisch mehr oder minder belastet sein kann, Filter in unserer Wahrnehmung eingebaut. Und von diesen hängt ab, welche Impulse bewußt wahrnehmbar sind und welcher Film in uns abläuft. Daraus folgt, das Verblüffende, Ungewöhnliche sind nicht die Mißverständnisse, sondern die Tatsache, daß es doch gelingt, daß zwei Menschen hin und wieder vom Gleichen reden und dasselbe meinen.

Ganz so schlimm ist es natürlich in der Praxis nicht, schließlich bewegen wir uns meistens in einem Umfeld von Personen, die in ihrer bisherigen Geschichte ähnliche Erfahrungen wie wir gemacht haben, im gleichen kulturellen Umfeld aufgewachsen sind, eine vergleichbare Schulbildung und zumindest über weite Strecken ähnliche Wertvorstellungen haben. Das heißt, ihre Filter unterscheiden sich nicht allzu sehr von unseren. Und doch gibt es da durchaus Möglichkeiten der Differenzierung, die Kommunikation erschweren, wenn wir sie nicht beachten. Allein der Umstand, daß Selbstliebe und Selbstwertgefühl beim einen besser und beim anderen weniger gut ausgebildet sind, daß der eine gerade an Verdauungsproblemen laboriert und der andere nicht, der eine täglich die gleiche Tageszeitung und der andere drei verschiedene Journale liest, daß sich der eine in seinem familiären Kreis wohl und der andere einsam fühlt, bestimmt die Kommunikation in weit höherem Maß, als es die meisten wohl einkalkulieren. (IKE) Das kann dazu

führen, daß sich etwas, was der eine als lustvolle Herausforderung empfindet, für den anderen als unerträgliche Belastung darstellt, daß sich
der eine durch eine Äußerung angegriffen fühlt, die der andere vielleicht sogar anerkennend gemeint hat, und daß eben nicht das Ergebnis
erreicht wird, das aus diesem Gespräch resultieren sollte.

**Eine unerläßliche Voraussetzung für die Arbeit mit den Methoden
der KAHUNAS ist anzuerkennen, daß es jedem Menschen zusteht,
sich sein Denkmodell zurechtzulegen, eben eines, mit dem er mit
sich und in seinem privaten und beruflichen Leben gut zurecht-
kommt, eines, das seiner subjektiven Sicht gemäß dazu dient, Liebe
und Freude in seinem Leben zu vermehren. (PONO) Das gilt für
jeden, also auch für Sie. Jeder filtert alles, was ihm an Eindrücken
begegnet, seinen Prämissen entsprechend und handelt danach.
Auch Sie. Und keiner hat die einzige, für alle gültige Wahrheit zu
verwalten, er verfügt nur über seine persönliche. Und das ist auch
völlig ausreichend. Daraus folgt, daß Schuldzuweisungen jeder Art
unlogisch und wenig zielführend sind. Jeder Mensch agiert seinem
Weltbild gemäß, und das ist auch sein gutes Recht.**

Ob die diversen Sichtweisen nun auch noch miteinander kompatibel
sind, steht auf einem ganz anderen Blatt. Daß Menschen verschieden
denken und agieren, heißt fürs erste noch nicht, daß sie richtig oder
falsch unterwegs sind. Es heißt nur, daß sie eben verschieden denken,
fühlen und handeln, daß jeder ein in sich mehr oder minder harmonisch
abgestimmtes System verkörpert. Solange jemand mit sich im reinen
und mit seinem Leben zufrieden ist, steht es niemandem zu, ihm diese
seine Betrachtungsweise madig machen zu wollen. Er entscheidet sich

in jedem Augenblick von neuem für bestimmte Denkmuster und handelt sich damit bestimmte Erfahrungen ein, das ist alles. Ihnen ergeht es nicht anders, auch Sie kreieren sich Ihre persönliche Wirklichkeit in jedem Moment neu.

Was würden Sie sagen, wenn Ihnen jemand ständig vermitteln möchte, daß er Ihre Art des Denkens geringschätzt, für falsch oder dumm hält? Daß er oder sie besser weiß, was für Sie gut und richtig sei? Würde das dazu beitragen, daß Sie erfreut reagieren und dieser Person aufmerksam zuhören? Sicher nicht. Und recht haben Sie damit. Wenn jemand mit Ihnen in Kommunikation treten möchte, muß es für Sie wichtige oder angenehme Gründe geben, sich darauf einzulassen. Sonst bewirken Ihre Filter, bewußt oder unbewußt, daß vieles von dem, was Ihnen da gesagt wird, nicht durchdringt. Ihr Unbewußtes wehrt sich gegen alles, was sich unerfreulich, destruktiv, belastend oder „falsch" anfühlt.

Nun könnten Sie mir entgegenhalten, daß sich doch gerade verletzende Bemerkungen, beschämende Erlebnisse hartnäckig in der Erinnerung breitmachen und einen tagelang beschäftigen können. Wie paßt denn das zusammen? Ganz einfach. Die lieb- oder respektlosen Äußerungen von anderen müssen auf fruchtbaren Boden fallen, um soviel Wirkung zu entfalten. Sind Sie selbst keineswegs der ehrlichen Überzeugung, daß Sie Ihre Sache gut gemacht haben und daß Sie eine liebenswerte Persönlichkeit sind, dann trifft die negative Kritik von anderen auf ein – wenn auch tunlichst verborgenes – Denkmuster, sie fühlt sich für Ihr Unbewußtes nicht „falsch" an, sondern bestätigt Ihr beeinträchtigtes Selbstbewußtsein. Was sich dann zwar sehr schmerzlich auswirkt, aber eigentlich nur eine an sich vorhandene Wunde von neuem aufreißt. Das kann im besten Fall ein Auslöser sein, sich um diese Verletzung endlich zu kümmern und sie auszuheilen.

Wollen Sie also erreichen, daß die Kommunikation mit anderen Menschen funktioniert, möchten Sie, daß Ihnen andere wirklich zuhören und in Ihrem Sinne agieren, dann müssen Sie dafür sorgen, daß Sie Ihren Anteil daran so respektvoll wie nur möglich verwalten und den anderen mit Wertschätzung begegnen. Ihre Argumentation ist dann am besten nachvollziehbar, wenn Sie sie so aufbereiten, daß Sie sich auch mit den Ansichten und Denkmustern des anderen verträgt, wenn sie diesen nicht völlig zuwiderläuft, wenn Sie also die Befindlichkeit und mögliche Motivation des anderen einbeziehen. Auch das ist Ausdruck des Respekts vor anderen und deren Art und Weise, der Welt zu begegnen.

Ich gehe davon aus, daß Sie ja eigentlich gar kein Interesse daran haben können, Ihren Mitarbeitern nachzuweisen, daß sie unfähig und böswillig sind, schließlich haben Sie sie mittelbar oder unmittelbar ausgewählt und sich für sie entschieden. Oder spielt Ihnen vielleicht Ihr Unbewußtes Streiche, indem es Ihnen durch die Bevorzugung ungeeigneter Partner oder Mitarbeiter beweist, daß man sowieso besser alles alleine macht und daß die Welt tendenziell schlecht ist? Das wäre ein guter Ausgangspunkt zu Überlegungen die eigenen Sichtweisen und Blickwinkel betreffend. Falls Sie meinen, Sie hätten sich solche Kollegen ganz sicher nicht gewünscht, lohnt es sich, einmal den Standpunkt zu wechseln und sich zu fragen: „Und wenn doch? Was hat es mit mir zu tun, daß ich mich genau hier an diesem Platz und in Kontakt mit diesen Leuten befinde? Halte ich die gegenwärtige Situation für veränderbar oder nicht? Wenn ja, in welcher Form kann ich zur Veränderung beitragen, Und wenn nein, warum verharre ich in dieser unangenehmen Konstellation?"

Was ich damit einmal mehr sagen will, ist: **Wir können unser wunderbares geistiges Potential nur dann souverän, kreativ und lustvoll nützen, wenn wir es auch annehmen, wenn wir uns als machtvolle Wesen begreifen und damit die Verantwortung für unser Leben übernehmen.** Natürlich steht es jedem frei, das nicht zu tun und sich weiterhin als vom Schicksal gebeuteltes Opfer zu fühlen, wenn er sich in dieser Rolle wohler fühlt. Das ist aber nicht mein Thema, mich faszinieren die Perspektiven, die sich aus dem bewußten Umgang mit dem menschlichen Geist ergeben.

Wenn Sie berücksichtigen, was ich Ihnen über das Wesen des Unbewußten aus Sicht der hawaiianischen Schamanen erzählt habe, ergibt sich daraus, daß Sie dann am besten mit anderen kommunizieren werden, wenn Sie sich positiv auf Ihre Gesprächspartner eingestimmt haben, wenn Sie respektieren, daß auch diese ihrer Weltsicht entsprechend agieren, daß grundsätzlich nicht festzustellen ist, wer „recht" hat, weil jeder auf seine Art recht hat, und daß es doch gar nicht ums „Recht-Haben" an sich geht, sondern um das Erreichen eines gemeinsamen Zieles. Und geeignet sind alle Wege und Methoden, die der besseren Verständigung und der Ausrichtung auf einen gemeinsamen Fokus dienen. Einverstanden?

Im Folgenden erläutere ich Ihnen die Techniken der KAHUNAS anhand ganz konkreter Situationen:

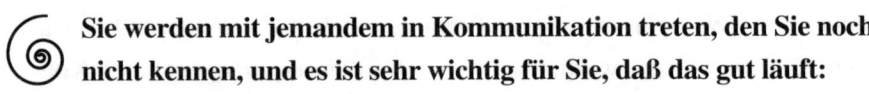**Sie werden mit jemandem in Kommunikation treten, den Sie noch nicht kennen, und es ist sehr wichtig für Sie, daß das gut läuft:**

Das ist, schamanisch betrachtet, eine einfache Sache, weil ja für die Anwendung von HUNA-Methoden die Grenzen dieser physischen Welt, nämlich die von Zeit und Raum, nicht gelten. Sie können sich daher schon im voraus Situationen vorstellen, die den Erfolg dieses Zusammentreffens bestätigen. Damit meine ich, daß Sie Ihrem Unbewußten Imaginationen vorgeben können, die sich für dieses nach Respekt, Anerkennung und Wohlbefinden anfühlen, es also motivieren, dieses Ziel anzustreben. Und KU, dieser unbewußte Aspekt Ihres Selbst, wird alle die kleinen Entscheidungen des Alltags in eben diesem Sinne und förderlich für Ihr Vorhaben treffen.

Stellen Sie sich also vor, daß Sie sich nach einem Gespräch, einem Meeting oder Arbeitsessen von dem bisher unbekannten Gegenüber verabschieden und einander versichern, wie erfreulich der Verlauf bislang ist, wie gut Sie sich verständigen können. Denken Sie sich ein Telefonat oder Gesprächsprotokoll aus, das Ihr gutes Gefühl bestätigt. Feiern Sie den Erfolg, der sich verläßlich einstellen wird, schon jetzt und gehen Sie mit dieser Einstellung zu Ihrer ersten Begegnung in der alltäglichen Wirklichkeit. Konzentrieren Sie sich auf das, was Sie wollen, und nicht auf das, was Sie eventuell bisher befürchtet haben. (MAKIA)

Sie möchten mit jemandem zurechtkommen, mit dem Sie sich bisher nicht gut verständigen konnten:

Wichtig in diesem Zusammenhang ist, daß Sie sich nicht an der Vergangenheit orientieren, sondern sich ausschließlich dem gegenwärtigen Moment zuwenden. Das heißt im Klartext, Sie können zwar feststellen, daß die Verständigung bisher mühevoll und wenig konstruktiv war, daß damit aber nichts über die zukünftige Entwicklung gesagt ist. Wenn Sie akzeptieren können, daß die Vergangenheit und Ihre bisherigen Erfahrungen bereits Fiktion sind und daß es Ihnen natürlich jederzeit frei steht, eine neue Gesprächsbasis zu finden, dann haben Sie den wichtigsten Schritt zur erfolgreichen Kommunikation bereits hinter sich. Überlegen Sie sich nicht, was bisher alles schief gelaufen ist, weder warum noch durch wessen Schuld. Ziehen Sie Ihre Energie bewußt von allem ab, was Ihnen bisher ungut, verwirrend oder unverständlich vorgekommen ist, und lenken Sie sie auf die Gesprächsthemen, die zumindest im Ansatz diskutierbar waren.

Bauen Sie Ihrem Partner eine Brücke, und zwar buchstäblich und bildlich, und stellen Sie sich vor, daß Sie beide darauf aufeinander zugehen. Wenn Sie einander schon sehr nahe gekommen sind, berühren Sie den anderen in Ihrer Imagination. Geben Sie ihm die Hand oder legen Sie ihm ganz leicht die Hand auf den Arm. Bedrängen Sie Ihr Gegenüber nicht, aber zeigen Sie ihm deutlich, daß Ihnen etwas an Ihrer Verbindung liegt. Nur in der Vorstellung, alles andere ergibt sich dann quasi von selbst.

 Sie müssen mit jemandem zurechtkommen, der Ihnen unangenehm oder unsympathisch ist:
Finden Sie ein Detail heraus, daß Sie am anderen ehrlich anerkennen können, und sei es nur eine äußere Kleinigkeit. Es spielt dabei keine Rolle, ob Sie den anderen für seine Fremdsprachenkenntnisse, für seine schöne Uhr oder seinen dichten Haarschopf loben. Ich weiß, das klingt fürs erste seltsam, funktioniert aber ganz bestimmt.

Im schamanischen Sinn geht es dabei nicht um den Wert und die Bedeutung des gewählten Fokus, es geht nur um das Erstellen einer positiven, respektvollen Energieform. Und dafür eignet sich alles, was Ihnen am anderen ehrlich gefällt. Wichtig ist aber, daß sich Ihre Anerkennung auf etwas bezieht, womit Sie nicht heimlich hadern, sonst funktioniert diese Technik nämlich nicht. Ihr eigenes Unbewußtes läßt sich nicht beschummeln, es kreiert keine konstruktive Stimmung, wenn Sie versuchen, ihm ein X für ein U vorzumachen.

Ich gehe davon aus, daß Sie das Auffinden eines akzeptablen Aspekts als kreative Aufgabe betrachten, daß Sie Freude daran haben, die Macht der Gedanken zu erfahren. Wenn Ihnen an der fruchtbaren Kommunikation mit einem an sich schwierigen Menschen liegt, werden Sie ganz bestimmt etwas Geeignetes finden, worauf Sie Ihre Aufmerksamkeit lenken können. Am besten ist, Sie beziehen diese Überlegung in die unmittelbare Gesprächsvorbereitung ein und begegnen Ihrem Kontrahenten in dieser Stimmung.

Kein „Aber", keine Relativierung des positiven Fokus! Es geht nicht um ein möglichst komplettes Psychogramm der anderen Person, nicht um Objektivität und Bewertung, es geht ausschließlich um den Energiefluß. Und was der bewirken kann, wird Sie staunen machen.

Ausnahmsweise erzähle ich Ihnen jetzt eine Geschichte, die demonstriert, wie es nicht geht: Eine Journalistin hatte arge Schwierigkeiten mit dem zuständigen Redakteur und fragte mich um Rat. Nachdem ich ihr die Technik der KAHUNAS erläutert hatte, meinte sie: „Nichts leichter als das, der Typ ist wirklich gut angezogen."

Ein paar Tage danach berichtete sie aber, daß alles gründlich daneben gegangen war. Da ich der Sache auf den Grund gehen wollte, fragte ich nach den Details. Die Journalistin hatte sich vor dem nächsten Termin mit ihrem Vorgesetzten auf dessen guten Geschmack in Sachen Kleidung besonnen und war wohlgemut in sein Büro gegangen. Mir erzählte sie: „Weißt du, er hatte an diesem Tag einen besonders gut geschnittenen Anzug an und sah fabelhaft aus. Ich habe ihm sogar ein Kompliment gemacht. – Aber dazu hat er so gräßliche Schuhe getragen ... ich sage dir ..." Kein Kommentar. Sie wissen genug, nicht wahr?

Sie möchten jemandem Informationen geben, die die Einstellung des anderen verändern könnten, was der Betreffende aber bisher verweigert hat:
Grundsätzlich gilt immer und daher auch in diesem Fall, daß der andere alles Recht der Welt hat, anders zu sein und andere Interessen zu verfolgen. Auch sein KU orientiert sich an Vorstellungen, die sich für ihn liebevoll, anerkennend und vergnüglich anfühlen. Folglich liegt es an Ihnen, sich zu überlegen, inwiefern Ihre Informationen und die daraus wahrscheinlich resultierende Veränderung im Denken der anderen Person zu einer Steigerung ihres Lebensgefühls beitragen können. Und zwar innerhalb ihres bisherigen Denkmusters, das selbstverständlich zu respektieren ist. Das Ziel ist nicht, sie niederzuargumentieren, unter Druck zu setzen oder zu überstimmen, denn damit würden Sie nur offenen oder insgeheimen Widerstand ernten.

Ihre kreative Leistung besteht darin, dem KU des anderen in seinem Sinn attraktive Vorstellungen anzubieten, also detailreiche, sinnliche Bilder, die zu seiner Weltsicht passen und in die gleichzeitig Ihre

Informationen konstruktiv einbezogen sind. Imaginationen, die durchaus schon das Gelingen des gemeinsamen Projekts bestätigen können, zum Beispiel ein großes Fest, zu dem Sie gemeinsam geladen haben, eine Preisverleihung oder Beförderung in Anerkennung des unternehmerischen Geschicks Ihres Partners, eine anerkennende Reportage in einer renommierten Fachzeitschrift oder etwas Ähnliches. Nur wenn er sich vom Eingehen auf Ihre Ansichten Vorteile verspricht – die nicht unbedingt materieller Natur sein müssen –, wird er sich darauf einlassen. Warum sollte er das sonst tun?

Wie die einzelnen Schritte bis zum glücklichen Abschluß ganz genau auszusehen haben, ist für die Anwendung von schamanischen Techniken nicht wesentlich. Es genügt völlig, die Zielvorstellung vorzugeben und sich im übrigen auf das Zusammenwirken der beteiligten KUs und die Unterstützung aus der geistigen Welt zu verlassen.

Sie möchten mit jemandem kommunizieren, von dem Sie annehmen, daß er unter dem Einfluß von Personen steht, die Ihnen nicht wohlgesonnen sind:
Dabei handelt es sich um eine Art Wettbewerb unter dem Motto „Wer hat mehr Einfluß auf Herrn oder Frau X?" Das ist a priori eine Situation, in der sich kein KU gut fühlt. Auch das Ihre nicht. Darum empfiehlt es sich, sich selbst und damit auch den potentiellen Gesprächspartner aus dieser Struktur zu lösen, indem Sie Ihre Einstellung zu den Betroffenen verändern. Stärken Sie das Selbstwertgefühl und die Selbstliebe Ihres zukünftigen Gegenübers, indem Sie ihm zutrauen, daß es durchaus eigenständig denkt und entscheidet, einen klaren Blick für die Zusammenhänge entwickelt und sich freiwillig und gerne mit Ihnen

solidarisiert. Sie suchen doch die Kommunikation mit einem potenten Partner und nicht mit einer abhängigen, unsicheren Person, die keinerlei Verantwortung übernehmen will, oder? Daher streichen Sie sofort alle geringschätzigen Gedanken aus Ihrem Bewußtsein. Wenn Sie sich nämlich nicht vorstellen können, daß die betreffende Person über Eigenständigkeit und Selbstbewußtsein verfügt, werden Sie diese Eigenschaften an ihr auch nicht entdecken. Sie beschränken damit sich selbst und andere und alle möglichen gemeinsamen Projekte.

Zielführende, konstruktive Kommunikation findet zwischen adäquaten Partnern statt. Wenn Sie jemanden nicht als das, was er ist und kann – egal, ob es sich dabei um einen Kollegen, Vorgesetzten oder Untergebenen handelt –, schätzen und anerkennen, werden Sie mit ihm auch nicht kommunizieren können.

Und von Ihren Mitbewerbern in Sachen Einflußnahme ziehen Sie am besten jede Aufmerksamkeit ab. Nähren Sie mit Ihrer mentalen Energie diejenigen, an denen Ihnen etwas liegt, und keine mißliebigen Konkurrenten.

Sie möchten bestimmte Informationen an Leute herantragen, mit denen Sie nicht direkt kommunizieren können:
Dafür benützen Sie vorzugsweise eine Bewußtseinsebene, in der Sie die Grenzen von Zeit und Raum besonders leicht überschreiten können, den Zwischenzustand zwischen Wachen und Schlafen, die kurze Zeitspanne direkt vor dem Einschlafen oder direkt nach dem Aufwachen. In dieser Phase wissen Sie einerseits genau, in welchem Zimmer und in welchem Bett Sie sich befinden, und gleichzeitig ist Ihnen andererseits die Ebene

des Traums zugänglich. Es handelt sich hier um den bereits erwähnten Alpha-Zustand.

Sprechen Sie nun Ihr Visavis persönlich an, nennen Sie den Namen, wenn Sie ihn kennen, oder rufen Sie ganz allgemein die Person, die in der entsprechenden Funktion tätig ist. Und dann sagen Sie, was Sie zu sagen haben, und vertrauen Sie darauf, daß Ihre Mitteilung in der geistigen Welt zugestellt wird. Wenn es dabei nur um eigennützige, rücksichtslose Intentionen geht, werden Sie diese Technik allerdings nicht erfolgreich anwenden können, weil das Unbewußte der angesprochenen Person keine liebevolle Energie wahrnimmt und sich gegen andere Eindrücke verschließt, sozusagen den inneren Rolladen herunterläßt. Vergessen Sie bitte niemals, wie KU funktioniert: Es nimmt nur die Bilder oder Einflüsse auf, die ihm ein Gefühl von Liebe, Respekt, Anerkennung und Wohlbefinden vermitteln. Alles andere wird tunlichst ausgefiltert. Von jedem Menschen, soferne er nicht ein übergeordnetes Interesse daran hat, sich mittels Horrorvisionen selbst zu beweisen, daß die Welt ein Jammertal und ihre Bewohner nichtswürdig sind.

Das heißt natürlich auch, daß Sie selbst keinerlei Vorteil davon hätten, bei jemandem auf offene Ohren zu stoßen, der dazu beiträgt, diesen Planeten auch für Sie wenig lebenswert zu gestalten. Wenn Sie möchten, daß es Ihnen persönlich gut geht, daß Sie sich in Ihrer Haut wohlfühlen können, dann suchen Sie Kontakt zu Menschen, die selbst gerne leben und auch ihren Mitbürgern ein fröhliches Dasein gönnen. Also Menschen, die mit ihrer Kraft dazu beitragen, daß die positiven Facetten Ihrer und unserer gemeinsamen Umwelt gedeihen können.

Sie möchten jemanden wissen lassen, daß Sie ihn/sie schätzen, fanden aber bisher keine Gelegenheit dazu:

Dafür wenden Sie die eben beschriebene Vorgangsweise an und verlassen sich darauf, daß die Botschaft ankommt. Gedanken sind machtvolle Formen von Energie und haben große Wirkung. Beim nächsten Zusammentreffen werden Sie den Effekt bereits überprüfen können, liebevolle, anerkennende Worte und Gedanken stoßen höchst selten auf Widerstand oder Ablehnung.

Auch dafür ist es im übrigen nicht notwendig, daß Sie die entsprechene Person schon kennen. Sie können als Adressaten durchaus auch den- oder diejenige wählen, der eine bestimmte, besonders gute Idee hatte, etwas politisch ermöglicht oder in öffentlichen Gremien unterstützt hat oder zur rechten Zeit etwas erfunden hat, was Ihnen Ihre weitere Entwicklungsarbeit deutlich spürbar erleichtert. „To whom it may concern" ist für solche Fälle eine passende Adresse.

 Sie möchten an weitere Informationen herankommen, nach denen Sie aber nicht direkt fragen können:

Der kundige Schamane geht davon aus, daß alles Wissen, alles was Menschen jemals getan, gesagt oder gedacht haben, in einer Art kosmischer Bibliothek gespeichert ist. Es kommt daher nur mehr darauf an, sich dieses Wissen zugänglich zu machen, den richtigen Kanal zu finden, um den Informationsfluß in Gang zu setzen. Dazu eignet sich erstens wiederum der Alpha-Zustamd und zweitens die bewußte Auftragserteilung an KU, die notwendigen Schritte zu unternehmen, um an die gewünschten Auskünfte zu gelangen. Welches Medium KU wählt, um diesen Auftrag durchzuführen, kann individuell unterschiedlich und oft sogar überraschend und komisch sein. Ob es Ihnen die richtige Fernsehsendung schmackhaft macht, Ihnen eine liegengebliebene Info-Mappe zuspielt, ob es Sie ein Gespräch in der U-Bahn mithören oder Ihnen einen alten Bekannten über den Weg laufen läßt, der Sie mit aufregenden Neuigkeiten versorgt, – KU findet eine Methode, die zielführend ist; und die Sie nicht in die peinliche Situation bringt, für allzu neugierig oder indiskret gehalten zu werden.

KAHUNAS vertrauen ihren Helfern in der Welt der Geister und sind grundsätzlich mit ihnen befreundet, darum gehen sie auch ganz selbstverständlich davon aus, daß diese sie vor Unwissenheit bewahren, die ihnen zum Schaden gereichen könnte. Alles Wichtige wird ihnen von wohlmeinenden Wesen rechtzeitig mitgeteilt. Die Voraussetzung besteht nur darin, zuerst zu sagen, was gebraucht wird, und dann aufmerksam zuzuhören, auch wenn die Form der Nachrichtenübermittlung ungewöhnlich ist; und nicht von vornherein zu bewerten, welche Medien man für geeignet hält oder nicht. Der Umgang mit den Techniken der KAHUNAS stellt immer wieder eine Herausforderung an Ihre Flexibilität und Offenheit dar.

Ich bin selbst schon mehrmals in die Lage geraten, als so ein unpassend/passendes Medium zu fungieren, ich habe gelernt, immer dann besonders achtsam zu sein, wenn etwas fürs erste unverständlich erscheint. So ist mir einmal ein Protokoll eines Ausstellungskomitees zugesandt worden, dem ich nicht angehöre. Also mußte es einen speziellen Grund geben, warum es bei mir gelandet war. Und beim zweiten Durchsehen fiel er mir dann auch auf: Der letzte Punkt betraf die Idee für eine Schmuckausstellung, die für eine Freundin, die selbst eine Galerie

166

für Designerschmuck leitet, von großem Interesse war. Ergebnis: Die Ausstellung hat stattgefunden, mit meiner Freundin als Kuratorin.

Ein andermal rief mich ein Mann an, den ich von einer Studie über das österreichische Filmschaffen flüchtig kannte, der aber inzwischen in leitender Position in einem großen Kulturbetrieb arbeitet. Er fragte mich, ob ich ihm dabei helfen könne, einen Abteilungsleiter für eine Sparte zu finden, die nie mein Metier gewesen war. Ich war also ganz eindeutig die falsche Person, um ihm einen sachkundigen Rat zu geben. Aber gerade die Abstrusität der Konstellation hat mich neugierig gemacht und mich darin bestärkt, daß ich in einem kosmischen Sinn das „missing link" sein müsse. Also habe ich mich schlau gemacht und eine Mitarbeiterin empfohlen, die inzwischen in ihrer neuen Position bereits als Goldstück betrachtet wird. Der Grund, warum wahrscheinlich gerade ich geeignet war, die richtigen Personen zusammenzubringen, bestand darin, daß ich zwar viele Könner dieses Fachs aus der Zusammenarbeit bei Film und Theater kannte, aber nicht persönlich involviert war. Ich stand weder in Konkurrenz zu den Anwärtern, noch hatte ich irgendwelche Vorteile von der Auswahl einer bestimmten Person. Ich war nur der Kanal für den Fluß der Information.

Damit will ich sagen, daß es im Kosmos immer eine unendliche Anzahl von Methoden und Lösungen gibt und daß Sie sich und und Ihre Entwicklung nicht beschneiden sollten, indem Sie nur bestimmte gelten lassen. (PONO) Daß Sie sich mit manchen Wegen bisher nicht beschäftigt haben, heißt nicht mehr als eben das. Lassen Sie die Fülle der erfreulichen Neuigkeiten und Überraschungen nur auf sich zukommen, es lohnt sich. Und folgen Sie Ihren plötzlichen Einfällen, auch wenn Sie

Ihnen im Moment noch nicht verständlich erscheinen. Machen Sie die Türe weit auf!

 Sie möchten, daß die von Ihnen übersandten Unterlagen Beachtung finden:

Auch in diesem Fall helfen Ihnen wieder Vorstellungen von dem, was Sie sich wünschen. Visualisieren Sie möglichst genau und detailliert, wie Sie bereits angerufen und zu einem Gespräch eingeladen werden, wie gut dieses Treffen verläuft und wie erfolgreich alles andere sich daraus ergibt. Beschäftigen Sie sich nie mit Vorstellungen von unerwünschten Ergebnissen! Lenken Sie alle Kraft auf das angestrebte Ziel! Überlegen Sie sich nicht, was jemand anderer Ihrer Meinung nach tun sollte, denken Sie vielmehr daran, inwiefern Ihre Papiere dem anderen nützen können, wie Sie dazu beitragen können, dem anderen zu seinen Zielen zu verhelfen, indem Sie Ihre Qualifikation mit der seinen kombinieren, und wie gut sich diese Konstellation, der gemeinsame Höhenflug für Sie beide anfühlen wird.

Andere Menschen nehmen die Energie, die eine Bewerbung, einen Kostenvoranschlag oder Vertragsentwurf begleitet, wahr und reagieren darauf. Wenn daran nur Gedanken geknüpft sind, die mit Ihrem persönlichen Erfolg ohne Rücksicht auf ein größeres Ganzes und ohne Respekt vor anderen zu tun haben, motiviert das niemanden, sich gerne auf Sie und Ihre Pläne einzulassen. Ganz im Gegenteil, es kann sogar abschreckend wirken. Warum sollte sich jemand auch eine solche Verbindung antun, wie sollte er sich auf so eine Zusammenarbeit, auf das brutale Karrierestreben eines anderen freuen?

Alles ist mit allem verbunden, sagen KAHUNAS. Daher sind auch Sie mit allen und allem verbunden. Jeder Ihrer Gedanken wirkt sich auf Sie selbst und andere aus, ermöglicht liebevolle Verbindungen oder verhindert sie. Verwalten Sie Ihren Anteil mit respektvollen Intentionen, machen Sie es sich selbst zur Aufgabe, den positiven Aspekten in Personen und Strukturen Kraft zu verleihen! Die beste Voraussetzung dafür, aufmerksame, offene Gesprächspartner zu finden, besteht darin, selbst ein solcher zu sein.

Vom Konflikt
zur Harmonie

HE WAIWAI NUI KA LŌKĀHI.
Einigkeit ist ein kostbarer Besitz.

Für Hawaiianer bedeutet der Begriff „Harmonie" wesentlich mehr als „Gerechtigkeit", nämlich daß die Dinge, Personen oder Umstände zusammenkommen, die wirklich zusammenpassen. In unserem Kulturraum, bei unserer Gerichtsbarkeit kann die Auffassung von Gerechtigkeit auch dazu führen – und das geschieht häufig –, daß es Gewinner und Verlierer gibt. Der Ausgang eines Prozesses zum Beispiel sieht meistens so aus, daß von einer öffentlich anerkannten Person „Recht gesprochen" wird, daß der Staat durch einen seiner Vertreter feststellen läßt, wer recht hat und wer nicht. Der Staat versucht auf diese Weise, die gestörte Ordnung wiederherzustellen; oder man könnte auch sagen, die Denkmuster der politischen Mehrheit durchzusetzen und ihnen zur Manifestation in der Realität zu verhelfen.

Können Sie sich vorstellen, daß dadurch in vielen Fällen keiner der Kontrahenten das erhält, was wirklich zu ihm paßt? Und können Sie sich weiter vorstellen, daß dadurch auch kaum jemals Harmonie geschaffen wird? Daß ein Gerichtsurteil in den seltensten Fällen dazu führt, daß die Prozeßgegner in Zukunft in Frieden und gegenseitiger

Hochachtung miteinander umgehen? Daß der „Verlierer" möglicherweise nur darauf sinnt, sich irgendwann schadlos zu halten, es dem „Sieger" heimzuzahlen? Kurz, daß der Konflikt damit auf der psychischen Ebene keineswegs beendet, sondern perpetuiert wird?

Dasselbe gilt natürlich für jede menschliche Gemeinschaft, für Firmen, Abteilungen, Arbeitsgruppen, Familien oder die Mieter einer Wohnanlage. Die Beendigung eines Streits durch die Obrigkeit stellt noch keine Harmonie her, der Konflikt kann im Untergrund weiterschwelen und jederzeit, ausgelöst durch Kleinigkeiten, wieder ausbrechen. Kennen Sie das nicht? Ist es Ihnen nicht schon selbst so ergangen?

Daß Konflikte auf manche Menschen wie eine Art Lebenselixier wirken, daß sie durch die Möglichkeit, gegen jemanden zu gewinnen oder jemanden zu demütigen, wie beflügelt wirken, heißt keineswegs, daß sie an Lebensqualität verlören, wenn rund um sie Harmonie einzöge. **Schließlich hängt Lebensfreude von den Denkmustern ab, davon, woraus jemand Anerkennung und Selbstbestätigung bezieht. Und es steht ihm frei, diese nicht aus dem Sieg über einen Konkurrenten, sondern aus der respektvollen Zusammenarbeit mit diesem, aus dem Zusammenwirken der beiderseitigen Begabungen und Ressourcen und aus gemeinsamen, spektakulären Projekten zu gewinnen. Da konstruktive Konzepte, im Gegensatz zu destruktiven Absichten, bewirken, daß KU keinerlei Widerstand dagegen aufbaut, lassen sich dafür viel größere Energiepotentiale aktivieren. Das heißt, der Lustgewinn aus einem harmonischen Vorgehen und der daraus resultierende Erfolg sind auf allen Ebenen, innerlich und äußerlich, größer.**

Unbestreitbar ist, daß die Beschäftigung mit Konflikten, mit Überlegungen, was der andere gesagt und getan hat und was er vorhaben könnte, mit der Bewältigung der Kränkungen und Ungerechtigkeiten, mit Gegenstrategien und Lobbying enorm viel Energie bindet. Mental wie emotional. Vom Zeitaufwand und materiellen Investitionen einmal ganz abgesehen. KAHUNAS würden sagen, daß ein beträchtlicher Anteil der eigenen Kraft in die falsche Richtung gelenkt wird und daher nicht zur Verfügung steht, um wichtige Vorhaben zu verwirklichen. Daß man sich damit eine Realität mit sehr eingeschränkten Chancen und Möglichkeiten erschafft und gar nicht erfahren kann, was die klare Ausrichtung auf Ziele, die im weitesten Sinn der Verbesserung von Lebensbedingungen auf diesem Planeten dienen, bewirken kann.

Wir alle haben nämlich Anteil an der göttlichen Schöpferkraft und können Wunder wirken, wir Menschen sind machtvolle, vielseitig begabte Wesen, die bislang meist nur einen Bruchteil von dem nützen, was ihnen mitgegeben worden ist. Wenn Sie also daran interessiert sind, herauszufinden, wie groß Ihr Potential wirklich ist, wenn Sie hohe Ziele haben und anstreben, dann macht es Sinn, dabei möglichst wenig „Reibungsverlust" zu haben, sondern alle Kraft in Richtung dieser Ziele zu bündeln.

Was Sie dazu brauchen, ist ein Denkmuster, das Sie nicht hindert, sondern beflügelt, ein wenig Phantasie zur Erstellung liebe- und respektvoller Visionen und das Vertrauen, daß Sie nicht alles alleine schaffen müssen, sondern daß Sie von der „Anderwelt", wie auch immer Sie sich die vorstellen, unterstützt werden. Und die eine oder andere hilfreiche schamanische Technik.

Ausgehend vom Denkmodell HUNA läßt sich sagen, daß Wirklichkeit sowieso nicht objektiv und für alle gleich ist, daß sich vielmehr jeder seine persönliche Version erschafft. Ob Sie das nun wörtlich verstehen oder davon ausgehen, daß Sie aufgrund Ihrer Denkmuster eben einen bestimmten Ausschnitt in einer speziellen Weise gefiltert wahrnehmen, macht, wie gesagt, keinen Unterschied. (IKE) Wichtig ist, daß Sie diesen Umstand nicht nur bei sich selbst anerkennen und somit die Verantwortung für die Konsequenzen Ihres Weltbildes in Ihrem persönlichen Erleben übernehmen, sondern daß Sie akzeptieren, daß es allen anderen Menschen ebenso geht. Daß Sie nicht länger davon ausgehen, Sie verfügten über die für alle gültige „Wahrheit" und jeder, der diese nicht als solche erkennt, sei entweder dumm, unwillig oder feindselig.

Jeder, auch Ihr Kontrahent, handelt gemäß seinem Denkmuster und erschafft sich damit eine für ihn gültige Wirklichkeit. Was auch immer er tut, macht er, um sich gemäß seinen Denkmustern wohlzufühlen, egal, wie es von außen betrachtet aussieht. Diese Motivation ist viel stärker als die, jemandes anderen Weltbild zu torpedieren. Wenn Sie das prinzipiell anerkennen können, haben Sie schon die wichtigste Voraussetzung, um einen Konflikt beizulegen und Harmonie herzustellen, erfüllt.

Unter Harmonie verstehen KAHUNAS keine zuckersüß verbrämte, alle Unterschiede verwischende Wonne-und-Waschtrog-Haltung, Harmonie herrscht dann, wenn die Dinge und Menschen, die einander entsprechen, auch zusammenwirken. Das gilt für den einzelnen, für seine bewußten und unbewußten Intentionen, für das Verhältnis zwischen Körper, Seele und Geist ebenso wie für Menschen und ihre äußeren

Lebensumstände, für Menschen untereinander oder auch Organisationen und deren Projekte. Die Größenordnung macht dabei ebensowenig einen Unterschied wie die Zugehörigkeit zu unterschiedlichen Aspekten des Universums, zum Beispiel zur materiellen oder immateriellen Welt.

Folglich geht es nicht darum, daß alle gleich sein, gleich denken, handeln und aussehen sollten, es geht darum, die richtigen, das heißt, die entsprechenden Partner, Mitarbeiter, Aufgaben und Lebensumstände zu finden. Für sich und den Bereich, für den man verantwortlich zeichnet, den energetischen Ausgleich zu schaffen, indem man zusammenführt, was zusammenpaßt.

Für gerecht halten Leute oft, daß jeder das Gleiche bekommt, unter den gleichen Umständen arbeitet oder die gleichen Pflichten erfüllt. Wenn Sie aber in sich hineinlauschen, erinnern Sie sich gewiß an Situationen, wo genau diese Art von Gerechtigkeit dazu geführt hat, daß Sie mit der Welt gehadert und sich unverstanden gefühlt haben. Stimmt's? Ich erzähle Ihnen zwei ganz banale Beispiele aus meinem Leben: Ich habe eine dreieinhalb Jahre jüngere Schwester und eine Mutter, die sich immer sehr bemüht hat, uns gerecht zu behandeln. Das hat dazu geführt, daß wir als Kinder sehr oft das Gleiche, gleiche Sonntagskleider, gleiche Süßigkeiten und so weiter, bekommen haben. Weil wir aber zwei ganz verschiedene Mädchen waren, war meistens eine von beiden gekränkt, nicht einverstanden oder überstimmt. Oft nahm eine von uns Schwestern so eine Situation zum Anlaß, sich darüber zu beschweren, daß die andere, nämlich diejenige, der das Kleid besser gefiel, bevorzugt werde. Konflikte waren quasi vorprogrammiert. Zum Leidwesen meiner Mutter stieß ihre Form von gerechter Behandlung bei uns auf wenig Verständnis und Anerkennung.

Nach meinem Studium war ich vier Jahre lang in einem Theater als Kostüm- und Bühnenbildnerin angestellt. Dabei stellte sich für mich sehr rasch heraus, daß ich gerne schnell und effektiv arbeite, danach aber auch wieder Zeit für mich haben möchte, wofür ein Angestelltenverhältnis keine geeignete Struktur bietet. Zudem kann man sich in einem künstlerischen Beruf nicht darauf verlassen, daß sich die zündenden Ideen montags bis freitags, zwischen 9 und 17 Uhr, einstellen, der kreative Prozeß geht im Kopf natürlich weiter. Manchmal habe ich die besten Entwürfe sogar geträumt, wofür ich mir dann aber nicht untertags ein paar Stunden freinehmen konnte. Und wieder waren die Konflikte unausweichlich, und zwar nicht weil die Sicht der Direktion oder meine eigene falsch gewesen wären, nein, einfach nur deshalb, weil die Systeme nicht kompatibel waren. Ich habe die Konsequenzen gezogen, Harmonie zwischen mir und meinem beruflichen Umfeld hergestellt und den Rest meines Beruflebens als Freiberufler verbracht.

Wenn Sie nun also Ihre Bewertung anderer Personen und deren Verhalten verändern und die Tatsache, daß jemand anders ist, nicht gleichzeitig als falsch oder schlecht beurteilen, wenn Sie die Unterschiedlichkeiten als bereichernd und nicht als einschränkend erleben, geben Sie sich selbst die Freiheit, Ihre geistige Türe weit aufzumachen und die Aspekte hereinzunehmen, die Ihre Qualitäten bestens ergänzen. Daß andere anders sind, fühlt sich ab dem Zeitpunkt nicht mehr bedrohlich und gefährdend an, an dem man aufgehört hat, hierarchisch gemäß Kategorien wie „besser" oder „schlechter" zu reihen. „Anders" ist einfach nur anders, und Sie selbst nehmen einen Platz im Universum ein, den niemand besser ausfüllen könnte als Sie. Niemand kann besser Frau X oder Herr Y sein als Frau X oder Herr Y selbst.

Ich behaupte also, daß Konflikte in der weitaus größeren Zahl der Fälle nicht daraus entstehen, daß ein Mensch einem anderen bewußt übel mitspielen will, sondern dadurch, daß sehr oft die Verschiedenheit der handelnden Personen, ihrer Erwartungen, Vorstellungen, Notwendigkeiten und Ansprüche nicht berücksichtigt wird, daß ein Mensch der Illusion erliegt, seine Weltsicht sei nicht nur die einzige, sondern auch die einzig richtige. Wenn man von dieser Hypothese ausgeht, sind die Umwelt, die Gesellschaft, die Kollegenschaft und eventuelle Rivalen keine übelwollenden Monster, die nur auf eine günstige Gelegenheit warten, einen auszubooten, sondern polare Wesen mit Stärken und Schwächen wie Sie und ich auch.

Daraus folgt: Ein harmonischer, ausgeglichener Zustand läßt sich dann am besten erreichen, wenn die Bedürfnisse und Visionen aller Beteiligten in den gemeinsamen Projekten einen entsprechenden Stellenwert erhalten, wenn eben jeder das bekommt, was er wirklich braucht. Und das sind, um KU, das Unbewußte oder Körperbewußtsein, zur konstruktiven Mitarbeit zu gewinnen, Liebe, Anerkennung und Wohlbefinden oder zumindest die Aussicht darauf. In unterschiedlicher Art und Weise, so wie es jedem einzelnen entspricht.

In HAWAI'I wird heute noch eine Konfliktlösungstechnik angewandt, die HO'OPONOPONO heißt, was übersetzt soviel wie „Harmonie erzeugen" bedeutet. Natürlich kann so eine Methode, die auf überschaubare Dorfgemeinschaften oder Sippen zugeschnitten war, nicht unsere ganze Gerichtsbarkeit ersetzen, aber ich denke, es gibt eine Reihe von Aspekten, die sich auch in unserer Kultur leicht umsetzen lassen. Wesentliche Kriterien dabei sind die Tatsache, daß es keinen Richter, keine von außen verordnete Entscheidung gibt, die Kontrahenten müssen die Lösung selbst finden, und daß „Harmonie" ein so hoch geschätzter Wert war, daß es niemandem gestattet wurde, ihre Wiederherstellung zu verweigern. Ich sagte schon, daß früher jemand, der nicht dazu bereit war, einen Konflikt beizulegen, sogar die Gemeinschaft verlassen mußte.

Eine anerkannte Respektsperson wird als HAKU, als eine Art Moderator, eingesetzt und hat die Aufgabe, allzu hohe Wellen von Emotion zu glätten und mit geeigneten Fragen das Geschehen zu steuern. Der HAKU stellt die gegenwärtige Situation klar, ohne sich auf die Historie des Streits und das Herausfinden des Verursachers einzulassen. Schließlich hat jeder Streit mit allen involvierten Personen zu tun, nichts widerfährt jemandem zufällig. (MANA)

Der HAKU fragt nun den Kontrahenten A, was er bereit ist beizutragen, um den Konflikt zu lösen. A macht ein Angebot. Danach fragt der HAKU den Kontrahenten B, wie sein Vorschlag aussieht. Und so weiter und so fort …. Sie sehen schon, es geht grundsätzlich nicht um das Gegenüberstellen verschiedener Sichtweisen der Entstehungsgeschichte, um das Herausfinden einer „objektiv" richtigen Darstellung der Vergangenheit, daher haben zum Beispiel auch Zeugenaussagen keine Wichtigkeit. Damit würde nur mentale Energie in die falsche Richtung gelenkt. (MAKIA) Gemäß der hawaiianischen Philosophie wird ein Problem im Hier und Jetzt als das, was es in eben diesem Hier und Jetzt ist, anerkannt und dann alle Kraft für das Lösen dieses Problems verwendet.

A und B, unsere beiden Streithansln, haben also die Aufgabe, ihre Vorstellungskraft und ihren Respekt für das jeweilige Gegenüber dadurch zu belegen, daß sie Vorschläge machen, die auch für den anderen annehmbar sind, weil sie seine Befindlichkeit berücksichtigen. Zuende ist diese Prozedur erst, wenn A und B übereinstimmend feststellen, daß sie nun zufriedengestellt sind, daß der Konflikt beigelegt und ein harmonischer Ausgleich gefunden worden ist.

HO'OPONOPONO findet grundsätzlich im Kreis der ganzen Dorfbewohner oder der ganzen Familie statt, sodaß keiner der Gegner irgendwelche dummen oder bösartigen Äußerungen geheimhalten kann. Er würde dadurch seine persönliche Wertschätzung im Bewußtsein der Zuhörer verlieren, was sicher auch Konsequenzen im weiteren Zusammenleben hätte. Der gesellschaftliche Druck, zu einem konstruktiven Ergebnis zu kommen, ist also hoch.

Am Ende verkündet der HAKU, daß der Konflikt nun ausgestanden und die Harmonie wiedergefunden sei. Da ersterer nun im Universum nicht mehr existiere, müssen sich alle Beteilten und Zuhörer verpflichten, ihn nie mehr zu erwähnen, um ihn dadurch nicht neu zu erschaffen. Mit anderen Worten, es gibt in dieser Tradition keinerlei Vorstrafenregister. Jeder hat in jedem Augenblick die Chance, unbeschwert einen neuen, friedvollen Umgang mit seinen Mitmenschen zu finden und von diesen dafür anerkannt zu werden. Keiner wird ein für allemal abgeurteilt und in einer negativen Rolle festgehalten, es gibt kein Aufwärmen früherer Diskussionen und kein Waschen der Schmutzwäsche der letzten zehn Jahre.

Ich schätze diese Konfliktlösungsmethode aus mehreren Gründen sehr: Erstens ist es Aufgabe derjenigen, die den Streit angezettelt haben, ihn auch zu lösen. Da sie sich ohne übergeordnete Autorität einigen müssen, da ihnen niemand einen Richterspruch aufzwingt, ist die Wahrscheinlichkeit hoch, daß sie mit dem Ergebnis auch weiterhin gut leben können und nicht heimlich dagegen aufbegehren. Sie gehen beide als „Sieger" vom Platz.

Zweitens bewirkt die Beschäftigung mit konstruktiven Ideen, mit Vorschlägen, die auch für den Gegner annehmbar sein müssen, daß man die Welt mit den Augen des anderen betrachtet und dadurch Verständnis für seine Situation gewinnt. Das macht offen, flexibel und tolerant.

Drittens kann sich aufgrund der Überzeugung, daß ein beigelegter Konflikt im Kosmos getilgt ist und nicht mehr existent, daß das Darüberreden ihn aber aufs neue als mentale Struktur kreieren würde, keinerlei Gerüchtebörse, Klatsch oder schlechter Ruf entwickeln. Jeder erhält jeden Tag von neuem die Möglichkeit, sein Leben freudvoll und erfolgreich zu gestalten. Keiner kommt in die Situation, den Sündenbock spielen zu müssen oder ein Leben lang eine „Schuld" mitzuschleppen.

Meinen Sie nicht auch, daß sich manches aus diesem Konzept auch in einem modernen Betrieb anwenden läßt? Daß es für alle Menschen gut ist, vergangene Verletzungen, Ungerechtigkeiten und Intrigen wirklich aufzulösen und nicht einmal „ad acta" zu legen?

Während meiner Zeit beim Film habe ich einmal mit einem Aufnahmeleiter zusammengearbeitet, dem diese Auffassung aus ganz pragmatischen Überlegungen offenbar in Fleisch und Blut übergegangen war. Wann auch immer irgendetwas schiefgelaufen oder nicht rechtzeitig zur Stelle war und irgendeiner vom Team zu Erläuterungen ansetzte, warum das Dilemma ganz sicher nichts mit ihm selbst, sondern mit anderen zu tun haben müsse, unterbrach er die Rechtfertigungstiraden: „Nur kein Quellenstudium, bitte! Was machen wir jetzt?" Bei Filmproduktionen geht nämlich immer das Geschehen am Set, vor der und um die Kamera, vor, und alle Mitarbeiter haben die Aufgabe, die Dreharbeiten – egal, was passiert sein mag – möglichst in Gang zu halten. Jede Verzögerung, auch die durch das Aufspüren irgendwelcher Übeltäter, kostet viel Geld und wird daher tunlichst vermieden. Erstens weiß sowieso jeder selbst am besten, was er falsch gemacht haben könnte, und zweitens ist es besser, der „Schuldige" verwendet seine Kraft dazu, seinen Fehler so rasch und so gut wie möglich auszubügeln. Zum Ziehen irgendwelcher Konsequenzen findet sich gegebenenfalls noch reichlich Zeit, wenn das Problem für diesmal gelöst und der Film abgedreht ist.

Kein Zufall, daß dieser kluge Aufnahmeleiter, der mentale Energie gezielt einzusetzen wußte, bald Karriere beim Film gemacht hat. Als ich ein paar Jahre später wieder mit ihm zu tun hatte, war er der Regisseur des Streifens.

Ich habe noch ein paar andere schamanische Techniken für Sie parat, für den Fall, daß es Ihnen nicht möglich sein sollte, mit einem Konflikt in der beschriebenen, direkten Weise umzugehen:

 Sie fühlen sich durch bestimmte Gegenstände oder Einflüsse in Ihrem Umfeld beeinträchtigt:

Wenn Sie an Ihrem Arbeitsplatz zum Beispiel Probleme mit der Beleuchtung, die Ihre Augen anstrengt, mit der Klimaanlage oder mit Elektrosmog, mit der Raumanordnung oder dem Zigarettenrauch haben, empfiehlt es sich, Ihre diesbezüglichen Denkmuster zu verändern. Das kann in unterschiedlicher Weise geschehen; die einfachste Methode besteht darin, die Aufmerksamkeit bewußt abzuziehen und auf etwas zu richten, was Ihnen gut tut und Freude macht, eine üppig blühende Pflanze, ein beeindruckendes Foto oder ein wunderbares Bild. **Schließlich geben Sie selbst den Dingen den Stellenwert, den sie in Ihrem Leben haben. Energie, auch als Materie verdichtet, ist bekanntlich neutral, und Sie entscheiden selbst darüber, ob Sie sie als förderlich oder hinderlich empfinden.**

Raffinierter ist es, die Einflüsse umzuinterpretieren, es steht Ihnen jederzeit frei, Elektrosmog als zusätzliche Energiequelle zu betrachten und für Ihre Zwecke zu nutzen oder sich eine neue Deutung des Grundrisses zu überlegen, die Ihr Büro ins energetische Zentrum der Firma rückt.

Außerdem können Sie KU, Ihr Körperbewußtsein, umprogrammieren und ihm in symbolischen Bildern vermitteln, daß zum Beispiel ein bestimmtes technisches Gerät keinerlei Störung Ihres Wohlbefindens mehr bewirken wird. Hüllen Sie in Ihrer Vorstellung das irritierende Objekt in eine weiß leuchtende, duftige Wolke ein und färben Sie diese dann in Ihrer Lieblingsfarbe ein. Prägen Sie sich dieses angenehme, strahlende, vielleicht sogar amüsante Bild gut ein, dann weiß Ihr Unbewußtes, daß es sich beim bewußten Objekt ab sofort um eines handelt, mit dem sich gut leben läßt.

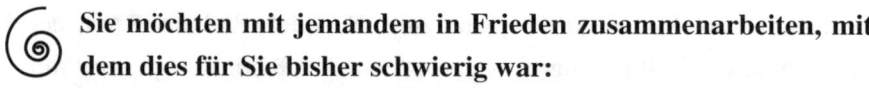

Sie möchten mit jemandem in Frieden zusammenarbeiten, mit dem dies für Sie bisher schwierig war:

Stellen Sie sich vor. daß die andere Person Ihnen gegenüber steht und daß es eine Verbindung von deren Nabel zu Ihrem gibt. Greifen Sie die erste Idee auf, die auftaucht, stellen Sie keine Überlegungen an, ob es für Ihr Gefühl nicht noch ein passenderes Symbol gäbe. Das erste Bild ist bereits das richtige. Wie sieht diese Verbindung von Nabel zu Nabel aus? Handelt es sich um ein zerschlissenes Seil, eine rostige Kette, ein brüchig gewordenes Band, eine verknotete Schnur? Was auch immer Ihnen dazu einfällt, ist als Basis für die schamanische Arbeit geeignet.

Und nun gestalten Sie diese Verbindung so um, daß sie sich für Sie gut, richtig und angenehm anfühlt. Es bleibt Ihnen überlassen, ob Sie eine goldene Kordel, eine schön geschwungene Brücke, einen Regenbogen oder etwas anderes daraus machen. Wichtig ist nur, daß Ihnen Ihre neue Verbindung gefällt. Damit geben Sie nicht nur eine neue energetische Struktur vor, Sie ändern auch Ihre innere Einstellung der anderen Person gegenüber und lassen in Ihrer Vorstellung bereits zu, daß sich zwischen Ihnen doch noch eine fruchtbare Beziehung entwickeln kann. Auch Ihr Visavis spürt den veränderten Energiefluß, Ihre veränderte Ausstrahlung und wird Ihnen entgegenkommen. Auch das KU einer anderen Person fühlt sich angesichts einer respektvollen, konstruktiven Haltung besser und begegnet dieser wohlwollend.

Sie fühlen sich in der Gegenwart eines Kollegen nicht wohl, wissen aber nicht, warum:

Es ist der Meinung der hawaiianischen Schamanen nach überhaupt nicht notwendig, alles zu analysieren. Sie halten wenig vom „Quellenstudium", das meist zu viel Aufmerksamkeit und geistigen Raum beansprucht. Wenn Ihr Ziel also ist, das Betriebsklima wieder zu verbessern, ist alles, was dazu führt, richtig. (PONO) Einverstanden?

Stellen Sie sich wieder in Ihrer Vorstellung Ihrem Kollegen gegenüber auf und zeichnen Sie nun Achterschleifen aus Licht um sich selbst und die andere Person. Tun Sie das so, daß in der einen Schleife Sie selbst stehen und in der anderen Ihr Kollege, und wählen Sie dafür Licht von der Farbe, die sich für Sie richtig anfühlt. Das kann wiederum Ihre Lieblingsfarbe sein oder die, die Ihnen gerade eingefallen ist. Wenn Sie unsicher sind, probieren Sie es einmal mit einem leuchtenden Blau.

Ziehen Sie diese Schleifen immer wieder nach, mehrmals hintereinander und geben Sie damit jedem seinen besonderen Raum innerhalb einer gemeinsamen, harmonischen Figur. Spüren Sie diesem Bild nach, akzeptieren Sie, daß es für jeden einen passenden Platz gibt und daß man sich nicht jedem Menschen nahe fühlen muß.

„Manchmal ist es das Liebevollste, was man für jemanden tun kann, ihm aus dem Weg zu gehen", sagt Serge Kahili King, „weil man ihn sonst kritisieren würde."

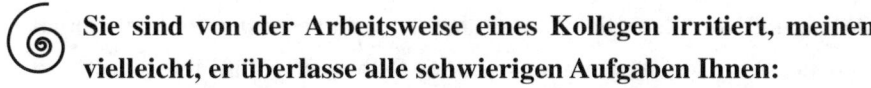 **Sie sind von der Arbeitsweise eines Kollegen irritiert, meinen vielleicht, er überlasse alle schwierigen Aufgaben Ihnen:**
Dazu paßt zum Teil das eben Gesagte, der wichtige Unterschied besteht aber in der bereits stattgefundenen negativen Kritik am anderen. Dahinter steht, Sie ahnen es bereits, die Einstellung, man selbst wisse, wie die Dinge auf dieser Welt zu sein haben, wie bestimmte Aufgaben gelöst

werden müssen und wer was zu tun hat, kurzum, ein Denkmodell, das in krassem Widerspruch zu HUNA steht.

Wenn es Ihnen mit Ihrer Absicht, zur Harmonie beizutragen, ernst ist, ist es notwendig, sich selbst und sein Weltbild nicht mehr länger als Maß aller Dinge zu betrachten. Natürlich steht es Ihnen zu, sich ein beliebiges Denkmuster auszusuchen und dementsprechend zu agieren, dasselbe Recht hat aber auch jedes andere Wesen auf diesem Planeten. Und ebenfalls für alle gilt, daß sie auch das uneingeschränkte Recht haben, allfällige Konsequenzen auf sich zu nehmen.

Gehen wir also davon aus, Sie sind bereit, Ihre Einstellung zu verändern, weil sich Ihre bisherige nicht bewährt hat. Dann sind Sie schon fein heraus, Sie haben im wesentlichen das Dilemma bereits gelöst. Dann können Sie Ihrem Kollegen aus einer neutralen Position zusehen und vielleicht sogar feststellen, daß seine Vorgangsweise einiges für sich hat. Ja, Sie können von ihm etwas lernen, wenn Sie mögen, oder aus Ihrer beider bisherigen Methoden eine neue, dritte entwickeln, die Ihnen beiden das Leben erleichtert.

Und wenn Sie nach wie vor meinen, Ihnen bleibe der Großteil der Arbeit und vor allem die heiklen Themen, könnte es sich lohnen, einmal genauer hinzusehen, wie gut es um das Selbstwertgefühl Ihres Kollegen bestellt ist. Vielleicht macht er einen Bogen um ungewohnte Aufgaben, weil er sich ihnen nicht gewachsen fühlt, weil er Ihnen mehr Kompetenz zubilligt. Sollten Sie zu dem Schluß kommen, daß daran etwas Wahres sein könnte, investieren Sie doch die eine oder andere Minute, um das Selbstbewußtsein des anderen aufzubauen. Anerkennen Sie bewußt, was Sie an ihm schätzen. Beachten Sie, was er gut bewältigt, und trauen Sie ihm zu, daß ihm in Zukunft auch schwierigere Arbeiten leicht von der Hand gehen. Und ziehen Sie bewußt alle Aufmerksamkeit von dem ab, was Sie bisher gestört hat. (ALOHA)

Dieselbe Vorgangsweise hilft Ihnen auch, Mitarbeiter zu besseren Leistungen zu befähigen, ja sogar Vorgesetzte zu besseren Chefs zu machen. Die Methode funktioniert in alle hierarchischen Richtungen, auch Chefs haben ein KU, das sich nach Anerkennung sehnt.

Und das HUNA-Spezifische daran ist, das Sie in der materiellen Welt weder etwas tun oder aussprechen müssen, es genügt der bewußt gesetzte Gedanke. Er allein ist bereits eine machtvolle Energieform, die unmittelbar Veränderungen bewirkt. Ist das nicht höchst erfreulich und ermutigend?

 Sie haben einen Konkurrenten, sind aber für eine bestimmte Position Ihrer Meinung nach besser geeignet:
Wo ist das Problem? Wenn Sie für eine Position wirklich besser qualifiziert sind, werden das diejenigen, die die Stelle zu besetzen haben, auch erkennen, oder etwa nicht?

Besteht das Problem vielleicht darin, daß Sie gar nicht ganz sicher sind, der/die Beste zu sein? Oder darin, daß Sie die Jury, den Aufsichtsrat, den Personalchef für verblendet, unkundig oder bestechlich halten? Oder darin, daß Sie in „Prüfungssituationen" Ihre Qualitäten nicht ausspielen können?

Für alle diese im Hintergrund wirkenden Ängste und Denkmuster gibt es aus dem Verständnis der KAHUNAS Empfehlungen, manche davon sind sehr einfach: Wenn Sie an sich selbst glauben, aber den beurteilenden Personen die nötige Kompetenz absprechen, werden Sie in Ihrer persönlichen Wirklichkeit genau die Erfahrung machen, die Ihren Erwartungen entspricht: Sie werden Sie nicht für charakterlich geeignet und fachlich qualifiziert halten, sei es, daß Sie sich im entscheidenden Moment entsprechend unklug präsentieren, sei es, daß die Konzentration gestört wird, sei es, daß jemand, der vor Ihnen dran war, die Gemüter nachhaltig beschäftigt, wie auch immer … Das einzige, was dagegen hilft, ist eine radikale Umdrehung Ihrer mentalen Struktur, sodaß Sie überzeugt davon sind, kompetenten, klugen, wohlmeinenden Personen gegenüberzutreten, die ganz genau wissen, was sie tun. Der Rest ergibt sich dann von selbst.

Wenn Sie sich zwar dessen bewußt sind, daß Sie die richtigen Kenntnisse und Erfahrungen für die fragliche Position mitbringen, aber insgeheim doch ein beeinträchtigtes Selbstbewußtsein haben, dann stärken Sie dieses, indem Sie sich selbst schon vorher loben, anerkennen und segnen. (ALOHA) Dann werden auch andere diese Ausstrahlung wahrnehmen und entsprechend reagieren.

Spielen Sie in Gedanken bereits Situationen durch, die den erwünschten Erfolg bestätigen, zum Beispiel das Unterschreiben eines Vertrages. Stoßen Sie mit einem imaginierten Glas Champagner mit Ihren Freunden an, genießen Sie, daß Ihre Umgebung sich mit Ihnen freut.

Beschäftigen Sie sich nicht mit dem Weg, mit allen Eventualitäten, mit Wenn und Aber. Verlassen Sie sich darauf, daß Ihr Unbewußtes Sie die richtigen Dinge tun lassen wird, wenn Sie ihm das Ziel voll Zuversicht als mentales Muster und in attraktiven Bildern vorgegeben haben. Verstärken Sie Ihre Ängste nicht, indem Sie sich gedanklich darauf einlassen. Jedesmal, wenn diese auftauchen sollten, ersetzen Sie die unerwünschten Vorstellungen sofort durch die lustvollen Visionen Ihres Erfolges. Das hat zur Folge, daß Sie eine Art imaginierten Magneten in sich tragen, der alles anzieht, was zu Ihrem Ziel, zum Gelingen Ihrer Pläne beiträgt.

Wenn Sie die ausgeschriebene Stelle unbedingt haben möchten und fest daran glauben, daß Sie genau dorthin passen, bisher aber nicht über alle erforderlichen Kenntnisse verfügen, dann machen Sie eine kleine Zeitreise in die Zukunft. Stellen Sie sich so sinnlich und detailreich wie möglich vor, daß Sie die notwendige Ausbildung gerade absolviert haben und Ihr Diplom entgegennehmen, daß Sie zurück in eben diese Ihre neue Firma kommen und mit Ihren Kollegen und Mitarbeitern dieses Ereignis feiern, daß Ihnen der Aufsichtsratsvorsitzende die Hand drückt und sagt, wie froh er sei, auch schon zu einem Zeitpunkt an Sie geglaubt und sich für Sie entschieden zu haben, als Sie noch nicht alle Bedingungen erfüllten. Sie hätten alle Erwartungen bereits übertroffen.

KAHUNAS meinen, man sollte sich grundsätzlich nicht mit Hindernissen oder Rivalen beschäftigen, sondern alle mentale Kraft auf das Wunschziel richten. (MAKIA) Erinnern Sie sich an den Grashalm, der durch Materialien zum Licht hindrängt, die bei weitem härter und schwerer als er selbst sind? Der Grashalm hat keinerlei Zweifel, sein Wunsch, sich im Sonnenlicht zu entfalten, zu wachsen und sich zu vermehren, ist so übermächtig, daß er durch nichts aufzuhalten ist. Und was ein Grashalm kann, können Sie doch schon lange, denke ich.

Sie fühlen sich jemandem rhetorisch, aber nicht fachlich unterlegen, was zu einem Ungleichgewicht in der Wertschätzung durch Vorgesetzte und Geschäftspartner geführt hat:

Auch dazu ist schon fast alles gesagt. Sie haben, wie immer, die Wahl, ob Sie etwas für veränderbar halten oder nicht. Halten Sie zum Beispiel Ihre sprachliche Ausdrucksform für etwas, was sich durchaus noch verbessern läßt, dann steht es Ihnen frei, diese in entsprechenden Kursen zu schulen. Halten Sie sich selbst für diesbezüglich begrenzt, lohnt es sich, Ihre Einstellung zu verändern. Sie können zum Beispiel Ihr Denkmuster dahingehend korrigieren, daß Sie diesem Umstand in Zukunft wenig Bedeutung beimessen und Ihr Vertrauen sowohl in Ihre übrigen Qualitäten als auch in die Einsicht Ihrer potentiellen Gesprächspartner stärken, die sehr wohl imstande sind, hinter die Fassade zu blicken und sich ein klares Bild von Ihren für die ersprießliche Zusammenarbeit relevanten Fähigkeiten zu machen.

Das einzige, was Sie sicher nicht weiterbringt, ist, nichts zu verändern und sich weiterhin unverstanden zu fühlen. Denn es liegt niemals an der Welt, der Gesellschaft oder bestimmten Personen, Ihnen zuerst zu beweisen, daß Sie entgegen Ihren Annahmen doch nicht ganz so schlecht sind, bevor Sie sich vielleicht doch noch bereitfinden, Ihre Meinung zu revidieren. Nein, Sie erschaffen sich genau die Erfahrungen, die Ihrer Einstellung entsprechen. Das heißt, das Leben ist in dieser Hinsicht sehr gerecht und macht keine Fehler.

Wie Sie selbst sich einschätzen, welches Gewicht Sie Ihren Stärken und Schwächen geben, inwieweit Sie gelernt haben, sich selbst als polares Wesen anzuerkennen und zu lieben, all das wird Ihnen zuverlässig von außen, von Personen und Lebensumständen gespiegelt. Das heißt, wann auch immer Ihnen irgendetwas an dem Verhalten Ihrer Umwelt nicht gefällt, haben Sie die Möglichkeit, Ihren Anteil am Dilemma aufzulösen, dadurch das ganze System zu beeinflussen und Ihre Befindlichkeit zu verbessern. Es steht Ihnen absolut frei, sich ein wunderbares, erfolgreiches, befriedigendes Leben in einem liebevollen, sozialen Netz zu kreieren. Wer sollte Sie daran hindern können?

 Sie fühlen sich ungerecht behandelt oder sind zur Zielscheibe von übler Nachrede und von Intrigen geworden:

Siehe oben. Wenn Sie wirklich die Verantwortung für Ihr Leben, für Ihre Erlebnisse und Befindlichkeiten übernehmen, akzeptieren Sie, daß Ihnen nichts geschieht, was gar nichts mit Ihnen zu tun hat. Das hat den Vorteil, daß Sie sich nicht länger als Opfer fühlen müssen, sondern Ihren Anteil am Konflikt verwalten und verändern können. Wobei ich Ihnen natürlich nicht unterstellen will, daß Sie ohnehin selbst an Ihrer mißlichen Lage schuld sind, weil Sie mit den Feindseligkeiten begonnen haben. Das gilt für die Ebene der alltäglichen, äußeren Wirklichkeit. In Ihrem Bewußtsein muß es aber eine Prämisse geben, die in Affinität zu Ihren unangenehmen Erlebnissen steht. Sei es, daß Sie Ihren Mitmenschen grundsätzlich mit Mißtrauen begegnen, daß Sie sich öfter mit destruktiven Gedanken, mit Groll oder Ängsten beschäftigen, daß Sie Ihr Selbstwertgefühl nicht pflegen, daß Sie sich selbst geringschätzen, das Leben grundsätzlich für schwierig und mühsam und die Welt für gefährlich halten.

Sobald Sie aber Ihren Teil der „Spielregeln" umgestalten, ändert sich das ganze Spiel. Niemand kann es aufrecht erhalten, wenn der Partner nicht mehr mitspielt. Damit meine ich, daß Sie durch das

Verändern Ihrer Denkmuster natürlich Ihrerseits andere „Spielregeln" vorgeben und die dazu passenden Partner und Umstände finden werden. Das Austauschen negativer Erwartungen gegen konstruktive, erfreuliche Perspektiven bewirkt sofort, daß sich Ihr Befinden bessert, und macht Sie unangreifbar.

Wenn es Ihnen im Moment hilft, erfinden Sie sich einen Zauberumhang, der wie ein Filter wirkt und nur noch die Informationen und Energien durchläßt, die Ihnen gut bekommen. Oder ziehen Sie einen Schutzkreis um Ihren Arbeitsplatz, der alles abweist, was sich für Sie unangenehm anfühlen könnte. Ich halte solche Vorstellungen aber nur als Zwischenlösung für tauglich, sie bestätigen nämlich das Denkmuster, daß von außen etwas Gefährliches drohen könnte. Viel wichtiger ist aber, sich in einer schönen Umgebung unter freundlichen Mitmenschen wohlfühlen zu können. Daher ist es unerläßlich, Aspekte zu finden, die man an anderen ehrlich schätzen kann und damit selbst ein positives, liebevolles Kraftfeld aufzubauen. Vielleicht verbinden Sie diese beiden Konzepte, indem Sie Ihren Schutzmantel als energetisches „Frühbeet" betrachten, in dem das zarte Pflänzchen Ihrer Selbstliebe heranwächst. Wenn sich die ersten Blüten zeigen, wird es aber Zeit, daß sich Ihre Seelenpflanze wieder der Fülle des Lebens in allen Bereichen stellt.

Im übrigen können Sie sich jeden Ihrer „Feinde" einzeln vorstellen und die Verbindung von Ihrem Nabel zu seinem harmonisieren. Das würde einer verantwortlichen Haltung den eigenen Erlebnissen gegenüber durchaus entsprechen. Wenn Sie sich einen respektvolleren Umgang in Ihrem Betrieb wünschen, fangen Sie am besten mit der Korrektur Ihrer Bewertungen und Vorurteile an. Damit werden Sie wahre Wunder wirken.

Sie fühlen sich von einem Geschäftspartner über den Tisch gezogen und ausgenützt:

So bitter es für Sie sein mag, das zu akzeptieren, aber „Enttäuschung" ist das „Ende der Täuschung". Das bedeutet, Sie haben sich Illusionen gemacht und von jemandem etwas erwartet, was dessen Interessen und Wertvorstellungen nicht entsprochen hat. Oder Sie haben wider besseres Wissen und entgegen Ihrer intuitiven Wahrnehmung an einem Plan festgehalten, weil Sie die Dinge eben so und nicht anders sehen wollten. Vielleicht haben Sie eine Zeitlang gehofft, einiges an Verantwortung abwälzen zu können.

HUNA ist kein Denkmodell, mit dem man sich die Welt schönlügen kann, HUNA bedeutet, die Menschen und Umweltfaktoren als das anzuerkennen, was sie sind, wissend, daß sie im eigenen Leben genau den Stellenwert haben, den man ihnen zubilligt. HUNA bedeutet auch zu wissen, daß man alles, was einem nicht gefällt, verändern kann, soferne man sich das vorstellen kann und nicht klammheimlich und unbewußt Denkmuster beibehält, die dem bewußten Konzept zuwiderlaufen und es sabotieren.

Was auch immer Ihre Beweggründe gewesen sein mögen, im Hier und Jetzt ist es angemessen, Ihre Kreativität zu benützen und keine destruktiven Schlußfolgerungen zu ziehen. Was Ihnen sicher nicht weiterhilft, ist, allen zukünftigen Partnern mit Mißtrauen gegenüberzutreten. Das würde bedeuten, daß Sie den anderen für schuldig erklären und Ihren Anteil verleugnen. Was aber sehr wohl nützt, ist der Gedanke, daß es einen Ausweg gibt, auch wenn Sie ihn noch nicht kennen. Daß Sie derzeit keine Lösung sehen, heißt ja nicht, daß es keine gibt. Also können

Sie sich mit den Kräften der Natur, mit hilfreichen Wesenheiten verbünden und diese bitten, Ihnen neue Lösungen anzubieten und Ihre Firma aus dem Desaster zu befreien.

Verhindern Sie unter allen Umständen alle Rachepläne, Sie würden sich energetisch damit an das bereits vergangene Unglück binden, sich selbst schwächen und zu wenig Kraft für den neuen Weg haben. Seien Sie gewiß, niemand schadet einem anderen in Gedanken, Worten oder Taten, ohne sich in erster Linie selbst damit etwas anzutun. Es dauert nur manchmal ein bißchen, bis sich diese Tatsache in der Materie manifestiert.

Erledigen Sie nach Ihrem Verständnis, was Sie selbst in Ordnung bringen können, und delegieren Sie den Rest an Ihre Freunde in der „Anderwelt", wie auch immer Sie diese sehen mögen. Sie müssen nicht alles alleine zustandebringen, Sie sind in der geistigen Welt immer gut aufgehoben und von liebevollen Wesen umgeben. Je eher Sie sich dazu entschließen können, Ihre Kränkung loszulassen, umso eher finden in Ihrem Leben auch wieder ermutigende Begegnungen statt, umso eher haben Sie auch wieder ein offenes Ohr für Informationen, die für Sie wichtig werden, umso eher lenkt KU Ihre Schritte in die richtige Richtung. Niemand kann Sie aufhalten, wenn Sie sich nicht aufhalten lassen, kann Ihren Erfolg und Ihr Glück verhindern außer Sie selbst.

Sie möchten jemanden dazu gewinnen, mit Ihnen trotz früherer Konflikte am selben Strang zu ziehen:
Solche Voraussetzungen ergeben sich oft, wenn jemand in einem Gremium überstimmt worden ist und seither nur darauf lauert, daß sich die

Richtigkeit seiner Thesen herausstellt. Manchmal handelt es sich auch um ein Politikum, es geht also gar nicht um das vorgeschobene Thema, sondern um eine prinzipielle Gegnerschaft. In solchen Fällen wird demjenigen, zu dessen Gunsten die Abstimmung ausgegangen ist, auch weiterhin das Leben schwergemacht. Er benötigt ein Gutteil seiner Zeit und Kraft, um Strategien zu entwickeln, die seine Gegner in Schach halten. Sehr anstrengend und wenig fruchtbar.

Wenn Sie in einer solchen Lage stecken, können Sie KULIKE anwenden, eine hawaiianische Technik, mit der KAHUNAS Einfluß auf Wesenheiten in allen Seinsebenen nehmen. Dazu müssen Sie sich nur vorstellen, daß Sie die Welt mit den Augen Ihres „Feindes" betrachten und sich in dessen Situation und Befindlichkeit einfühlen. Auch Ihr Feind hat ein KU, das auf dieselbe Motivation reagiert wie das Ihre, auf Zuneigung, Anerkennung und Wohlbefinden. Das bedeutet, sobald es Ihnen gelingt, Vorstellungen zu entwickeln, die sich für das KU Ihres Gegners stimmig und wohltuend anfühlen, wird dieser seinen Widerstand aufgeben und sich Ihren Vorschlägen öffnen.

Keine Sorge, Sie können mit dieser Methode nicht hemmungslos manipulieren. Sie funktioniert nur, wenn Sie ehrlich sind und das Unbewußte Ihres Feindes zustimmt, das heißt, wenn Sie ihm Angebote machen, die Ihrerseits ernst gemeint sind und gleichzeitig seine Denkmuster respektieren und ihm nützen. Der gute Nebeneffekt ist, daß Sie durch die Beschäftigung mit den Kriterien der anderen Person Ihr eigenes Spektrum an Betrachtungsweisen erweitern und Ihrerseits bereits die verhärteten Fronten durchbrochen haben. Sie sind also dem anderen bereits ein Stück entgegengegangen.

Und wieder möchte ich betonen, daß Sie keinen Dialog auf der Ebene der alltäglichen Wirklichkeit führen müssen, es genügt völlig, daß Sie die Kraft Ihrer Gedanken und Vorstellungen bewußt einsetzen. Für den Schamanen besteht wie gesagt kein Unterschied zwischen den Formen der verwendeten Energie, Gedanken haben die gleiche Macht wie Worte und Taten, sind vielleicht sogar manchmal wirksamer, weil sie den anderen erreichen, ohne daß dieser sofort in gewohnte Abwehrmechanismen verfällt, die alles von Ihrer Seite Kommende abblocken.

Stellen Sie sich also vor, wie sich Ihr früherer Gegner freuen wird, dafür Anerkennung zu ernten, daß auch er ein großartiges Projekt ermöglicht und mitgetragen hat, wie Sie beide ganz neue Facetten aneinander schätzen lernen und einander bestens ergänzen. Imaginieren Sie im voraus, wie Sie den erfolgreichen Abschluß Ihres Unternehmens feiern werden oder was auch immer Ihnen konkret dazu einfällt und aus beiden Blickwinkeln betrachtet stimmig ist.

Spielen Sie für sich HO'OPONOPONO durch und überlegen Sie, was Sie dem anderen anbieten können, um ihn zum Einlenken zu bewegen. Bleiben Sie auf der mentalen Ebene, das reicht völlig aus, um in Zukunft eine neue Form des Miteinander zu entwickeln. Lassen Sie sich vom Erfolg Ihrer geistigen Arbeit überraschen, er wird Sie überwältigen!

Wenn Sie grundsätzlich davon ausgehen, daß alles möglich ist und es für jeden und alles die passenden Ergänzungen gibt, daß Sie nicht alle Aufgaben selbst lösen müssen, sondern unsichtbare Helfer im Kosmos haben, wenn Sie darauf vertrauen, daß die Liebe die stärkste Kraft im Universum ist, können Sie alles erreichen, was Sie wollen!

Strukturen und Situationen heilen

E KUHIKUHI PONO I NA AU IKI A ME NA AU NUI O KA 'IKE.
Sag genau, was du willst, im kleinen wie im großen.

KAHUNAS haben eine Technik, die geeignet ist, jede Art von Struktur zu harmonisieren, ohne daß man genau wissen müßte, was wo aus der Balance geraten ist. Sie können damit Ihre eigene innere Struktur, körperlich oder seelisch, genauso gut heilen wie die Situation zwischen Familienangehörigen, Mitarbeitern einer Abteilung oder Aufsichtsratsmitgliedern, zwischen Ihrem Betrieb und einer Behörde, zwischen Konkurrenten oder Gegnern vor Gericht. Ich habe alle diese Fälle schon erlebt und gesehen, wie erfolgreich sich diese Methode ausgewirkt hat.

Sie brauchen dafür circa 15 Fundstücke, vorzugsweise aus der Natur, also Muscheln, Steine, Holzstückchen oder anderes, was Sie vielleicht von einer Reise mitgebracht haben. Die Teile sollten nicht allzu groß sein, damit Sie sie gegebenenfalls – wenn Sie alleine damit umgehen – auch alle gleichzeitig in den Händen halten können. Und Sie benötigen ein Tuch, um das Areal, in dem die schamanische Arbeit stattfindet, darzustellen.

Meistens benütze ich diese Methode gemeinsam mit ein oder zwei beteiligten Personen, die größte Gruppe, mit der ich in Guatemala auf diese Weise eine angespannte Situation geheilt habe, umfaßte 22 Leute. Das war ein Ausnahmefall, eine lange und komplizierte Prozedur, aber doch sehr hilfreich für alle Beteiligten. Idealerweise arbeiten vier bis fünf Personen an einer Struktur, die Anzahl der Fundstücke teilt sich dann so auf, daß jeder drei oder vier in Händen hält. Es kann auch jeder seine eigenen mitbringen, so handhaben wir das oft in Seminaren. Wie auch immer, es funktioniert so oder so, mit mehr oder weniger beteiligten Menschen und Symbolen, gleich gut.

Die Steine und Muscheln stehen für alle Personen, Faktoren und Umstände, die zur betreffenden Struktur gehören, unabhängig davon, wieviele wirklich betroffen sind. Da es in komplexen Situationen ohnehin nicht möglich ist, genau zu unterscheiden, was darauf Einfluß hat und was nicht, wird die Anzahl der Fundstücke einfach zur symbolischen Vertretung ernannt.

Nachdem noch einmal kurz definiert worden ist, welche Struktur jetzt harmonisiert werden soll, werfen gleichzeitig alle Personen, die mitmachen, die Gegenstände, die sie in den Händen halten, in die Mitte des ausgebreiteten Tuches. Damit stellen sie in einer symbolischen Weise den Ist-Zustand der zu heilenden Situation oder Struktur dar. Dann beginnen sie reihum, die einzelnen Dinge so lange zu verschieben, bis das sich daraus ergebende Bild von allen als harmonisch empfunden wird. Jeder legt also einen oder zwei Steine nach seinem Gutdünken um, dann kommt der nächste dran. Grundsätzlich darf jeder jederzeit die Position jedes Gegenstands verändern, unabhängig davon, welche er selbst geworfen oder welche schon ein anderer umgeordnet hat.

196

Das Ziel ist, eine für alle akzeptable Lösung zu finden, ohne faule Kompromisse zu schließen. Daher bringt es niemanden weiter, sich durchsetzen zu wollen. Solange sich nicht alle freiwillig auf ein Muster einigen, geht das Ritual weiter. Aber fest steht, es gibt immer eine Lösung, die für alle paßt, und die gilt es zu finden. So war das in all den Hunderten von Durchgängen, die ich schon miterlebt habe, wir sind noch nie daran gescheitert.

Wichtig ist, die Dinge das sein zu lassen, was sie sind, und keine Zuordnungen zu erfinden. Sobald jemand mit einem fixen Konzept und seinem logischen Verstand an das Ritual herangehen möchte, funktioniert nichts mehr. Es brechen Meinungsverschiedenheiten darüber aus, was zu was und wer zu wem paßt, was wie zu bewerten sei und wie die Sache weitergehen solle. Es prallen die unterschiedlichen Denkmuster aufeinander und behindern einander gegenseitig, kurzum, die schamanische Arbeit, die wir alle intuitiv und im Vertrauen auf KU so leicht verrichten können, wird zu einem Machtkampf und nicht zu einem Harmonisierungs- und Heilungsprozeß.

Wenn es aber gelingt, alle Analysen und Interpretationen beiseitezulassen, ist dieser Vorgang für alle Beteiligten fröhlich und entspannend und bewirkt eine unmittelbare Veränderung der gewählten Situation. Der Erfolg kann sich schon innerhalb einer Stunde oder einer Nacht einstellen.

Es ist auch möglich, in einer kleinen Gruppe die private Situation einer einzelnen Person zu harmonisieren, es müssen keineswegs alle direkt in die betreffende Situation involviert sein. Ja, es funktioniert sogar, wenn diese eine Person ihr Problem gar nicht öffentlich machen will und vielleicht nur sagt: „Es handelt sich um eine familiäre Geschichte" oder „um eine Schwierigkeit an meinem Arbeitsplatz". Dann ist es eben für alle „Michaelas Geschichte", die sie nun wieder in Balance bringen.

Schamanen sagen, daß mit Hilfe dieser Methode im Kosmos eine neue Information, ein neues energetisches Muster verankert wird, das sich direkt in der materiellen Welt auswirkt. Wenn Sie möchten, können Sie damit wichtige Verhandlungen im voraus oder im nachhinein harmonisieren und in symbolischer Form für alle taugliche Alternativen einbringen. Da es auf den Bewußtseinsebenen, auf denen ein Schamane arbeitet, die Begrenzungen von Raum und Zeit nicht gibt, führt beides zu harmonischen Lösungen. In welcher Form sich diese dann manifestieren werden, läßt sich nicht vorhersagen – schließlich gibt es im Universum mehr Möglichkeiten, als wir uns ausdenken können –, aber daß sie es tun werden, darauf können Sie sich verlassen.

Ich kenne sogar Institutionen, in denen so ein Ritual schon anstelle von komplizierten Diskussionen eingesetzt worden ist. Auch das hat sich bewährt. Wie wär's also, wenn Sie gleich den ersten Versuch wagen würden? Wäre das nicht spannend?

Motivation

'A'OHE HANA NUI KA ALU 'IA.
Keine Aufgabe ist zu groß, wenn sie gemeinsam erledigt wird.

Schamanen machen keinen Unterschied zwischen Motivation nach außen oder nach innen, also zwischen Mitarbeiter- und Eigenmotivation. Wenn man sich den Standpunkt der KAHUNAS zu eigen macht und das Geschehen in der nichtmateriellen Welt einbezieht, wenn man bedenkt, daß ohnehin alles mit allem verbunden ist, ist es auch logisch, so zu denken. Immer nur eine Frage der Prämissen, der akzeptierten „Arbeitshypothese". Das heißt, alle liebe- und respektvollen Pläne und Vorgaben, alles, was sich fur Ihr KU angenehm und stimmig anfühlt, tut das auch für andere KUs.

Wenn Sie gemäß dem Denkmodell HUNA davon ausgehen, daß jeder lieblose, destruktive Gedanke, unabhängig davon, ob er sich auf Sie selbst und Ihre Zukunft oder auf andere Menschen bezieht, Ihnen unmittelbar und sofort schadet, indem er Ihren Energiefluß stört, gibt es nur eine Schlußfolgerung: Konstruktive Intentionen, und zwar für alle, nicht nur auf Sie selbst bezogen! (ALOHA)

Wie gesagt, nach Meinung der KAHUNAS wehrt sich KU gegen jedes destruktive Bild, gegen jeden negativen Gedanken, ob der sich nun auf das Wetter, die Regierung, Ihre Arbeitskollegen oder Konkurrenten bezieht, gegen jede Kritik, sei sie nun berechtigt oder unberechtigt. Das bewirkt, daß im Körper Spannung entsteht, daß sich da und dort Blockaden bilden, daß Sie auch körperlich schwächer werden. Sollte das ein häufig vorkommender oder gar ein Dauerzustand sein, werden Sie davon krank. Spezielle Krankheitsbilder, die mit negativer Kritik zu tun haben, sind Allergien, Asthma, Erkältungen, Kopfschmerzen oder Arthritis.

Da es sich bei diesem Thema um ein allgegenwärtiges handelt, möchte ich die im Kapitel „ALOHA" erwähnten Ratschläge wiederholen und vertiefen. Natürlich können Sie nicht für den Rest Ihrer Tage darauf verzichten, Kritik zu üben, in gewisser Weise gehört dies sogar zu Ihren beruflichen Notwendigkeiten, und daher ist es wichtig, den Energiefluß konsequent wiederherzustellen und sich selbst und andere wieder in guten Zustand zu versetzen. Und das geschieht wie gesagt dadurch, daß Sie Ihre Kritik positiv abschließen, daß Sie etwas erwähnen, was Sie ehrlich anerkennen können. Damit heben Sie sowohl den Energiepegel im Kritisierten als auch in sich selbst wieder an, Sie erreichen damit, daß Ihr Mitarbeiter wohlauf ist und sich mit Elan ans Ausbessern seiner Fehler machen kann und daß Sie selbst bei Kräften sind und die Freude an Ihrer Tätigkeit nicht verlieren. Oder kennen Sie jemanden, der ständig kritisiert und nie lobt, aber gleichzeitig Lebensfreude ausstrahlt und sich durch besondere Kreativität in seiner Arbeit auszeichnet?

Das Angenehme an HUNA-Methoden ist immer wieder, daß man nicht alles innerhalb der alltäglichen Wirklichkeit erledigen muß, daß sich die Dinge, die man in der nichtmateriellen Welt erledigt, auch in der materiellen manifestieren. So ist das auch in diesem Fall: Wenn das einzige, das Sie an einem Kollegen wirklich schätzen, seine geschmackvollen Krawatten, ein kostbarer Ring oder eine leserliche Handschrift sind, sind auch diese als Fokus für einen positiven Gedanken geeignet. Verbal ausgedrückt würde eine fachliche Kritik, gefolgt von einer freundlichen Bemerkung bezüglich des Krawattendessins, einiges Unverständnis hervorrufen. Vom schamanischen Standpunkt, also auf das energetische Geschehen bezogen, liegen Sie damit aber ganz richtig. Sie ersparen sich allerdings die irritierten Reaktionen nicht-HUNA-kundiger Mitmenschen, indem Sie den positiven Abschluß Ihrer Kritik nur noch bewußt denken.

Natürlich müssen Sie jetzt nicht den Ehrgeiz entwickeln, besonders schräge Kombinationen zu erfinden, aber ich denke, HUNA kann Ihre Möglichkeiten, Energie bewußt und kundig einzusetzen und auch verfahrene Situationen mental zu retten, deutlich erweitern. Bedenken Sie dabei immer, daß es einem Schamanen viel mehr um die Art der wahrgenommenen Energie geht als um den „vernünftig" nachvollziehbaren Zusammenhang zwischen zwei Vorgängen. Daher ist es für KAHUNAS logisch, daß ein ehrlich gemeintes Lob, unabhängig davon, auf welche Äußerlichkeit oder auf welches an sich unbedeutende Detail es sich beziehen mag, und auch unabhängig davon, ob es ausgesprochen oder nur im Geist formuliert wird, die durch Kritik verursachte Spannung aufhebt und Sie selbst und Ihr Gegenüber wieder in eine erfreuliche, kraftvolle Befindlichkeit versetzt.

Als Motivation kann also alles dienen, was KU ein Gefühl von Liebe, Anerkennung und Wohlbefinden vermittelt, direkt im Hier und Jetzt oder auch für die Zukunft in Aussicht gestellt. Das heißt, Sie haben eine Vielzahl von Möglichkeiten, kreativ damit umzugehen:

 Sie sind angesichts einer notwendigen, aber wenig attraktiven Tätigkeit lustlos und verdrossen:
Ob Sie eine Tätigkeit geringschätzen oder nicht, hängt von Ihrer Einstellung dazu ab. Sollte es keine Möglichkeit geben, die Tätigkeit an sich zu verändern, können Sie immer noch Ihre Sicht darauf verändern und dadurch Ihre Befindlichkeit positiv beeinflussen. Selbstverständlich steht es Ihnen immer frei, auch bei einer eher langweiligen Routinearbeit Facetten zu entdecken, die Ihr fachliches Interesse oder eine Art sportlichen Ehrgeiz wecken können. Sei es, daß Sie sich für bisher übersehene Details erwärmen, sich eine andere Technik zur Bewältigung ausdenken oder einfach nur schneller als bisher sein wollen. Das erfordert nur eine Entscheidung zur positiven Sichtweise und ein bißchen spielerischen Umgang.

Je mehr Sie allerdings darauf beharren, daß Sie diese Arbeit nicht mögen, je öfter Sie so denken, umso größer wird auch der Widerstand in KU. Im günstigeren Fall wächst dadurch nur der „innere Schweinehund", der sich immer schwerer überwinden läßt, und im ungünstigeren handeln Sie sich vielleicht sogar eine Erkrankung, eine Verletzung oder einen Unfall ein. KU hat die erstaunlichsten Einfälle, um eine Vorgabe wie „Ich will diese Arbeit nicht machen!" umzusetzen.

Sollte Ihnen aber beim besten Willen nichts einfallen, was Sie an der anstehenden Tätigkeit an sich gut finden könnten, ziehen Sie jede emotionelle Einschätzung, jede überflüssige Aufmerksamkeit davon ab und konzentrieren Sie sich auf den Zustand danach. Malen Sie sich aus, wie erleichtert Sie sich fühlen werden, wie zufrieden Sie auf das Ergebnis schauen können und wieviel Anerkennung Ihnen für das prompte Erledigen gezollt werden wird.

Oder stellen Sie KU eine Belohnung in Aussicht, denken Sie sich etwas Erfreuliches aus, was Sie danach tun werden. Machen Sie sich auch davon ganz konkrete Vorstellungen, überlegen Sie sich genau, mit wem Sie dann wo gemütlich sitzen und angenehm speisen, wie Sie das nächste Wochenende gestalten oder wohin und mit wem Sie eine kleine Reise machen werden. Solche Perspektiven erleichtern das Überwinden der schwierigen Strecke bis dorthin enorm!

 Sie fühlen sich überfordert, es fehlt Ihnen an Freude bei Ihrer Arbeit:

Die Schlußfolgerung daraus könnte sein, daß Ihre bisherige berufliche Ausrichtung nicht mehr zu Ihnen paßt, daß es sich lohnt, sich anderweitig umzuschauen. Wenn das dahintersteckt, geht es wahrscheinlich darum, sich selbst zuzutrauen, mit einem neuen Beruf erfolgreich sein oder in einer anderen Firma reüssieren zu können. Zu diesem Behuf stellen Sie sich einmal vor, was Sie sich von einer Fee wünschen würden, die Ihnen alle Wünsche, auch die, deren Umsetzung Sie sich bisher nicht vorstellen konnten, erfüllen kann. Was wären Sie am liebsten und was würden Sie am allerliebsten tun?

Betreiben Sie nicht Selbstzensur, stärken Sie Ihr Vertrauen in die Fülle des Lebens. Wenn es so ist, wie Schamanen annehmen, daß der Kosmos unendlich und Gott allmächtig ist, wird sich ein Weg zu Ihrem Traumberuf finden lassen. Geben Sie Ihren Wunsch wie eine Bestellung ans Universum auf und erstellen Sie vor Ihrem inneren Auge Bilder von der Situation, die Sie anstreben. Bilder, die den Erfolg im voraus schon bestätigen, sinnliche und detailreiche Vorstellungen von Ihnen selbst, angesehen und geschätzt für das, was Sie in Ihrem neuen Umfeld leisten, von einem Fest in Ihrem neuen Betrieb, bei dem Lobeshymnen auf Sie gesungen werden. Bauen Sie diese Phantasien lustvoll und hemmungslos aus, lassen Sie keinen Zweifel, keine gedankliche Einschränkung aufkommen. Alles ist möglich! (KALA)

Mit diesen Vorstellungen geben Sie KU vor, wo Sie hinwollen und wie es sich damit fühlen wird. Sind Sie überzeugend, wird KU ab sofort alles tun, um Sie zur richtigen Zeit am richtigen Ort die richtigen Menschen und Informationen finden zu lassen. Es wird alle die kleinen unbewußten Entscheidungen des Alltags zielgerichtet treffen.

Beschäftigen Sie sich nur mit Ihrem Ziel und nicht mit dem Weg dorthin! (PONO) Ihre Helfer aus der Welt der Geistwesen kennen Lösungen, die Ihnen nicht einfallen würden. Lassen Sie einfach voll Vertrauen zu, daß die Erfüllung Ihres Wunsches bereits in Angriff genommen wurde und sich zum richtigen Zeitpunkt in der materiellen Welt manifestiert. Auch wenn Sie bisher keine Ahnung haben, wie das gehen könnte. Sie werden es schon noch erfahren!

Von Ihnen wird etwas gefordert, was Ihnen innerlich widerstrebt:
Wenn es sich um etwas handelt, das Sie in Kollision mit Ihren Wertvorstellungen bringt, ist es wahrscheinlich richtig, konsequent zu verwei-

gern. Auch mit dem Risiko, daß Sie dadurch Ihren Arbeitsplatz verlieren könnten. Sie würden sonst nämlich, auf Dauer gesehen, Ihre Selbstachtung verlieren und damit die Basis für jede Art von Erfolg und Wohlbefinden.

Viel häufiger könnte aber so ein Ansinnen ein nicht sehr bequemer, aber fruchtbarer Hinweis darauf sein, sich Ihre Denkmuster wieder einmal genauer anzusehen, zu überprüfen, welche davon Ihnen noch nützen und welche eigentlich längst überholt sind. (KALA) Wenn Sie sich darauf einlassen, schöpferisch mit Ihren mentalen Spielregeln umzugehen, dann können Sie diese Situation als Flexibilitätstraining betrachten und ihr damit jede Bedrohlichkeit und jeden negativen Beigeschmack nehmen.

Ob Sie auf Ihren geistigen Grenzen beharren oder nicht, bleibt ganz Ihnen überlassen. Aber es gibt gar keinen Grund, ein Denkmuster nur deshalb zu verteidigen, weil es einem eben schon seit Jahren vertraut ist, weil man es vielleicht schon von den Eltern übernommen hat. In Seminaren begegnen mir immer wieder solche starren Muster, die Behauptung, daß etwas so und nicht anders zu betrachten sei. Ich stelle dann oft die Frage: „Wer sagt das?" Und ich lasse nur eine Antwort gelten: „Ich." Alle anderen möglichen Antworten beruhen auf meist unreflektierten Vorurteilen, auf fragwürdigen Autoritäten oder alten Gewohnheiten. Allesamt kein Grund, etwas beizubehalten, was einen einschränkt.

Nehmen Sie also versuchsweise eine – zu Ihrer bisherigen – konträre Haltung zum Thema ein und spüren Sie in sich hinein. Macht Ihnen das nicht sogar ein bißchen Spaß? Tun sich da nicht ganz neue Dinge auf? Lockt Sie das nicht?

Sie möchten etwas besonders gut machen, trauen es sich aber nicht ganz zu:

Daß Sie hohe Ansprüche an sich selbst haben, kann zweierlei bewirken: Sind sie in einer zwar schwer, aber doch erreichbaren Höhe, können sie als Impuls zu ungewöhnlichen Leistungen taugen. Sind sie aber zu hoch, also nicht einzulösen, schüchtern sie ein, lähmen, schwächen sie Ihr Selbstbewußtsein.

Beide Maße sind keine objektiven Größen, sondern subjektive, sie verhalten sich relativ zu Ihrer Selbsteinschätzung. Das heißt, ob etwas für Sie unerreichbar ist oder nicht, entscheiden Sie selbst. Wobei ich schon meine, daß es richtig ist, die Sinnhaftigkeit einer Forderung an sich selbst und die daraus resultierenden Konsequenzen abzuwägen. Oder um es plakativ auszudrücken: Der Hochsprungweltrekord liegt derzeit meines Wissens bei 2 Meter 32. Sie können Ihre Latte natürlich jederzeit auf 4 Meter Höhe legen, um sicherzugehen, daß Sie es nicht schaffen werden. Es bedürfte schon komplizierter Konzepte und besonderer mentaler Programme, um dabei erfolgreich zu sein. Wozu aber auch? Sie wären schon mit 2 Meter 33 der neue Weltmeister. Genügt das nicht?

Damit will ich sagen, daß es sich auch lohnt, seine Zielvorstellungen zu überprüfen, sich zu überlegen, was man wirklich will und braucht. Und danach richten sich dann alle Visualisierungen, die eigene Person und Leistung betreffend. Auch da gilt wieder, daß es nicht nötig ist, alle Wege zum Ziel zu kennen, sondern sich nur mental mit dem zu beschäftigen, was das Erreichen des Ziels bereits dokumentiert, und parallel dazu Selbstliebe und Selbstvertrauen zu stärken, indem man sich selbst, sooft es einem einfällt, erzählt, was man an sich selbst schätzt, mag und anerkennt, welche inneren und äußeren Vorzüge, welche positiven Eigenschaften und Fähigkeiten man hat und was einem bisher schon alles gut gelungen ist. Ohne irgendwelche „Aber ..." Alles andere kommt von selbst, die Materie folgt dem Geist.

Sie haben einen Mitarbeiter, den Sie für fähiger halten, als es bisher den Anschein hat:
Der Schluß ist naheliegend, daß diese Person kein sehr gut entwickeltes Selbstwertgefühl hat, daß sie sich selbst behindert, indem sie negativ über sich selbst denkt. Vielleicht haben Sie sogar schon die Erfahrung gemacht, daß solche Menschen dazu neigen, ein Lob sofort abzuschwächen, meinen, sie hätten halt ein bißchen Glück gehabt oder es sei ihnen ja andererseits doch auch schon manches danebengegangen, unterstellen, man wolle sie nur herumkriegen, und so weiter und so fort ... Sie machen also genau das Gegenteil von dem, was ich Ihnen zum Umgang mit Kritik empfohlen habe. Sie schwächen sich selbst energetisch, können sich an der verdienten Anerkennung nicht freuen.

Auch in so einem Fall kann Ihnen der bewußte Umgang mit mentaler Energie nützlich sein. Wenn Sie Ihren Mitarbeiter in Zukunft gedanklich loben, wenn Sie ihm auf geistigem Weg übermitteln, was Sie an ihm schätzen, können Sie seine neurotischen Mechanismen austricksen. Sie erreichen mit dieser Energie sein KU direkt und werden auch sicher Wirkung erzielen. Lassen Sie sich von niemandem am Loben hindern, damit tragen Sie auf jeden Fall zu einer respektvollen, konstruktiven Atmosphäre in Ihrer Firma bei. Loben Sie nach unten, nach oben, in alle Richtungen, es lohnt sich gewiß. Nehmen Sie nur insofern auf die Denkmuster Ihrer Mitmenschen Rücksicht, daß Sie eben diejenigen, die auch ehrlich gemeinte Anerkennung aufgrund ihrer Erziehung oder anderer Einschränkungen nicht genießen können, „heimlich", also in bewußt formulierten Gedanken loben. Sie werden „unheimlich" aufblühen dabei.

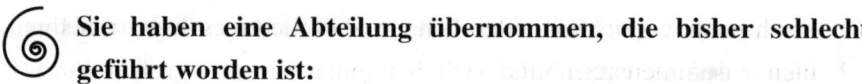

Sie haben eine Abteilung übernommen, die bisher schlecht geführt worden ist:

Das bedeutet, Sie sind mit Leuten konfrontiert, deren Motivation nur mehr sehr gering ist, die vielleicht nur deshalb noch in diesem Betrieb arbeiten, weil sie zuviel Angst vor Alternativen haben, weil sie gelernt haben, ihren Job auf das bloße Abdienen einer gewissen Zeit zu reduzieren.

Sie selbst sollten auf jeden Fall die Verantwortung für Ihr Tun und Denken übernehmen, indem Sie sich darüber klar werden, ob Sie sich zutrauen, diese zur Diskussion stehende Firma oder Abteilung wieder auf einen menschlich und wirtschaftlich zufriedenstellenden Weg zu führen. Zweifeln Sie daran, müssen Sie zuerst Ihr Denkmuster verändern oder die Finger davon lassen. Andernfalls würden Sie möglicherweise Ihre Zweifel bestätigen, und damit wäre niemandem gedient.

Sie können sich aber darauf verlassen, daß es gewisse Strukturen gibt, die in allen Menschen gleich funktionieren, daß auch in demotivierten Menschen ein KU dahinvegetiert, das sich über neue Impulse, über alles, was zur Lebenslust beiträgt, freut. Außerdem gibt es in allen Menschen eine große Sehnsucht nach Sinnhaftigkeit in ihrem Leben. Alle wollen gebraucht werden, wollen an etwas Bedeutsamem teilhaben. Wenn sie anders agieren, tun sie das aus Verzweiflung, aus einem Mangel an Liebe zu sich selbst und anderen.

Können Sie diese Prämisse grundsätzlich anerkennen, wird das Ihren Blickwinkel auf diese Mitarbeiter verändern. Sie werden sich dann selbst nicht damit belasten, allen Widerstand und alle Aggression auf sich zu beziehen, sondern beharrlich an Ihren konstruktiven Visionen weiterbasteln, sie immer fröhlicher und erfolgreicher gestalten. Wenn Sie sich heute bereits vorstellen können, daß Sie eines Tages mit Ihren Leuten zusammensitzen und sich bei ihnen für den großen Einsatz bedanken, werden Sie das auch erreichen.

Ich betone hier nochmals, daß ein KAHUNA nicht von anderen erwartet, daß sie sein Denkmodell übernehmen, er kreiert Lösungsvorschläge, die den Gedankenmustern seiner Klienten entsprechen. Mit anderen Worten, es kann durchaus auch manchmal zielführend sein, jemandem, der darauf besteht, daß sowieso alles sinnlos und diese Welt schlecht sei, dieses Konzept zu spiegeln, indem man ihm die Konsequenzen vorführt. Warum sollte er auch in einer Firma bleiben wollen, die er nicht schätzt, und jemandem zuarbeiten, dem er nicht traut? Auch eine Trennung kann sinnvoll sein, „eine nützliche Illusion", sagen KAHUNAS. Erinnern Sie sich?

Sie suchen Leute, die zu Ihnen, Ihren Ideen und Ihrem Arbeitsstil passen:

Das ist, schamanisch betrachtet, keine schwierige Aufgabe. Wenn es Ihrem Denkmuster entspricht, daß es diese Leute selbstverständlich gibt und daß die genauso froh sein werden, Ihnen zu begegnen, wie Sie, ihnen, müssen Sie sie nur noch rufen. Das machen Sie am besten nächtens, da KU dann am empfänglichsten ist. Geben Sie eine Bestellung bei der kosmischen Personalvermittlung auf, lassen Sie eine Suchmeldung über die intergalaktischen Rundfunksender laufen und, vor allem und ganz wichtig, teilen Sie den noch Unbekannten mit, was Sie anzubieten haben.

Malen Sie Ihre gemeinsame Zukunft in leuchtenden Farben aus, kreieren Sie konkrete Bilder von Situationen, die bereits das Resultat Ihrer fruchtbaren Zusammenarbeit sind, gestalten Sie Ihre mentale Homepage und speisen Sie alle Informationen in das zwischenmenschliche Netzwerk ein. Da alles mit allem verbunden ist, erreicht auch jeder Gedanke diejenigen, die eine Affinität dazu haben, quasi auf derselben Frequenz senden und empfangen.

Voll Zuversicht erwarten Sie dann nur mehr die entsprechenden Antworten, auf welchem Weg auch immer sie eintreffen mögen. Es ist immer wieder ein Vergnügen zu beobachten, welch kuriose Einfälle unsere immateriellen Freunde haben, um unserer Wünsche zu erfüllen und unsere Aufträge zu erledigen. Erfolgreich sind sie aber immer.

Sollten Sie schon eine Weile vergeblich auf Ihre Antwort gewartet haben, gehen Sie Ihren unbewußten Erwartungen nach. Benützen Sie die sieben farbigen Steine, um Ihren unbewußten mentalen Hindernissen auf die Spur zu kommen (siehe „Befragung Ihres Unbewußten"). Wenn Sie Ihre inneren Widersprüche aufgelöst haben, stellt sich die Manifestation Ihrer Wünsche auch unmittelbar ein.

Ihnen steht ein schwieriges, heikles Unternehmen bevor, Sie fühlen sich unsicher:

Nach allem, was Sie bis jetzt schon gelesen haben, wissen Sie auch schon, was jetzt kommen muß: Stellen Sie sich den Erfolg in sinnlichen

Bilder schon jetzt vor und befassen Sie sich so wenig wie möglich mit dem, was Sie nicht wollen, und so viel wie möglich mit dem, was Ihren kühnsten Träumen entspricht. Daß etwas heute noch schwierig scheint, bedeutet nicht, daß es nicht trotzdem einfach zu lösen sein wird. Die Bewertung „schwierig" oder „einfach" resultiert auch nur aus einem Denkmuster, aus dem momentanen Wissensstand und aus der subjektiven Einschätzung verschiedener beteiligter Personen. Das bedeutet, sie bezieht sich auf etwas, was vielleicht für die Vergangenheit zugetroffen haben mag, was aber keineswegs zwingend auf die Zukunft anzuwenden ist.

Erschaffen Sie sich die Visionen, die Ihnen Freude machen, und delegieren Sie alles, was Sie nicht ganz in den Griff zu kriegen fürchten, an Ihre Freunde in der „Anderwelt"; auch alles, was Sie vielleicht übersehen haben könnten oder wofür Ihnen die genauen Informationen fehlen. Ich mache das immer so, weil ich mir niemals anmaße, genug oder gar alles Notwendige in Erfahrung gebracht zu haben, und weil ich gar keinen Ehrgeiz habe, es mir schwerer als nötig zu machen. Ich rede mit Gebäuden, Maschinen und Naturkräften, sage ihnen, worum es mir geht, und bitte sie, ihren Anteil in einem für alle akzeptablen und konstruktiven Sinn selbst zu verwalten. So lassen sich durchaus auch Großbaustellen mental steuern und beeinflussen. Wir müssen nicht alles auf diesem Planeten, im großen wie im kleinen, alleine auf die Reihe bekommen, wir sind in einer Welt voll von hilfreichen, liebevollen Wesen gut aufgehoben. Einzige Bedingung dafür ist: Wir müssen sagen, was wir brauchen, und diejenigen, an die wir delegieren, auch für kompetent und wohlgesonnen halten. Das gilt in der nichtalltäglichen Wirklichkeit genauso wie in der alltäglichen, materiellen.

Sie möchten sich beruflich neu orientieren, wissen aber noch nicht, wohin:

Gehen wir davon aus, Sie sind sich schon sicher, daß eine neue Weichenstellung in Ihrem Leben nottut. Sei es nun, daß Sie in Ihrer bisherigen Branche bleiben möchten, aber unter anderen Konditionen arbeiten wollen, oder sei es, daß Sie spüren, daß Ihr Weg eigentlich ganz woanders verläuft, daß Ihre früheren Ziele Ihnen nicht mehr wichtig sind.

So oder so, was Ihnen helfen kann, ist eine Technik, die Ihr Unbewußtes neu ausrichtet, Ihren Geist mit anderen Filtern versieht und Sie so die richtigen Hinweise erkennen läßt, zum Beispiel die mit dem Wasserglas. (siehe Seite 135)

Ab jetzt müssen Sie nur noch auf Ihre Intuition hören, bereit sein, auch ungewöhnlichen Einfällen nachzugehen und die mentale Türe offenzuhalten. Sie werden mit Sicherheit bei der richtigen Fernsehsendung oder Zeitungsmeldung hängenbleiben, im Lift, in der Garage oder auf der Straße mit den richtigen Leuten zusammentreffen oder im Zug ein für Sie wichtiges Gespräch zweier Fahrgäste mithören. Oder Sie erhalten Post, die Sie in Ihrem bisherigen Leben gar nichts angegangen wäre, aber unmittelbar mit Ihrem neuen zu tun hat.

 Sie möchten etwas Neues beginnen, wissen aber nicht, wie Sie Ihre Mitarbeiter dafür gewinnen können:

Auch eine unkomplizierte Geschichte, aus Sicht der KAHUNAS auf jeden Fall. Wenn Sie davon ausgehen, daß die Außenwelt immer die Innenwelt spiegelt, spiegeln eben auch Ihre Mitarbeiter das, was Ihren Gedankenmustern entspricht. Schauen Sie sich also um und überlegen

Sie sich, warum Sie wohl diese und keine anderen Mitarbeiter haben. Dabei erfahren ganz sicher etwas über sich selbst, was Ihnen bisher entgangen ist.

Übernehmen Sie auch in dieser Form die Verantwortung für Ihre persönliche Wirklichkeit, nur dann sind Sie nämlich ein machtvolles Wesen, das sich seine Realität auch anders gestalten kann. Verändern Sie Ihr Weltbild, auch den Arbeitsmarkt, die Ausbildungssituation und die persönliche Struktur Ihrer Leute betreffend, transformieren Sie alle Befürchtungen und Zweifel in Zuversicht, Vertrauen, Neugier und Lebenslust. Und einmal mehr sei es gesagt, konzentrieren Sie sich auf das, was Sie wirklich wollen. Sobald Sie Ihr Denken entsprechend ausgerichtet haben, ändert sich auch Ihr Umfeld in der materiellen Welt. Plötzlich werden altgediente Mitarbeiter auf Sie zukommen und Ihnen von ihren Verbesserungsvorschlägen erzählen, die seit längerem in ihrer Schreibtischlade liegen, von Erfindungen, die sie in stillen Stunden gemacht haben, oder von Kollegen, die ihre progressiven Ideen in einer anderen Firma nicht umsetzen konnten und gern zu Ihnen wechseln würden.

Und andere aus Ihrem Mitarbeiterstab werden von sich aus gehen wollen, weil sie sich nicht mehr zugehörig oder zu alt fühlen, weil sie etwas für sie Passenderes gefunden oder ein kleines Vermögen geerbt haben oder weil sie sich endlich doch dazu entschlossen haben, ins Ausland zu gehen. Es löst sich fast alles von selbst, wenn Sie sicher sind, einen guten, für Sie stimmigen Weg zu gehen, wenn Sie sich vorstellen können, daß es für jeden den richtigen Platz im Universum gibt, für Sie ebenso wie für jeden, der Sie bisher auf Ihrem Weg begleitet hat

213

und noch begleiten wird. Wenn Sie offen und aufgeschlossen sind, werden Sie die Mitarbeiter finden, die Sie mit Vergnügen auf Ihren Höhenflügen begleiten. Heißen Sie sie willkommen!

In meiner Arbeit mit Menschen aus verschiedenen beruflichen Strukturen sind mir ein paar Dinge mit auffallender Regelmäßigkeit begegnet: Manche Leute haben hohe Ideale und großartige Ideen, sind gescheit und begabt, und trotzdem bremst sie etwas, hindert sie an der Verwirklichung ihrer Pläne. Sehr oft hat das damit zu tun, daß sie sich das Recht darauf nicht zubilligen. Einerseits weil sie sich selbst zu wenig schätzen, sich insgeheim ihren Erfolg nicht vorstellen können, selbst wenn sie oberflächlich betrachtet reichlich selbstbewußt auftreten. (Daß Größenwahn und Minderwertigkeitsgefühle zusammengehören, nur die beiden Seiten ein und derselben Medaille sind, ist ja hinlänglich bekannt.)

Das Thema „Berechtigt sein" betrifft, glaube ich, Frauen mehr als Männer. Auch viele erfolgreiche Menschen haben irgendwo im Unbewußten versteckt ein anerzogenes Reglement stecken, das lautet: „Bilde dir nichts ein ... Du bist gar nicht Besonderes ... Das kannst du nicht ... Mach dich nicht so wichtig ..." Das kann dazu führen, daß sie vielleicht unter Aufbietung großer Mühe durchsetzen, was sie sich vorgenommen haben, sich aber am Ergebnis nicht freuen, den Erfolg nicht genießen können, was fürwahr auch kein erstrebenswerter Zustand ist.

Das Festhalten solcher übernommener Bewertungen, gegen die man sich auf der Ebene des Bewußtseins ja längst zur Wehr gesetzt hat, hat mit einem unbewußten Glaubenssystem zu tun, demzufolge alles, was man für sich in Anspruch nimmt, in einer Welt der begrenzten Ressourcen jemandem anderen weggenommen oder vorenthalten werden muß. Das stimmt aber wie gesagt nur, wenn man sich nicht vorstellen kann, daß alles im Universum Energie und in unendlicher Fülle vorhanden ist. Begrenzt sind Ressourcen nur innerhalb einer begrenzten Weltsicht. Es kann vielleicht richtig sein, daß die Erdölvorräte zur Neige gehen, aber das heißt doch nicht, daß es keine anderen Energiequellen gibt. Es kann vielleicht stimmen, daß die Situation für eine ständig zunehmende Bevölkerungszahl prekärer wird, aber wahr ist auch, daß es keinen Kontinent gibt, auf dem die Bevölkerungsdichte größer ist als in Europa. Und hier lebt es sich nicht so schlecht, oder? (Um einen hohen Preis, ich weiß.)

Unser Denken ist begrenzt, nicht der Kosmos. Unser Planet verfügt noch über viele ungehobene Schätze. (Interessanterweise gehen Geologen davon aus, daß wir in hundert Jahren bei gleichbleibend steigendem Verbrauch ebenso große verfügbare Erdölreserven wie heute haben werden – dank neuer Fördertechnologien nämlich.) **Beschränkende, starre Vorstellungen sind unser größtes Problem, global gesehen wie auch im Leben von einzelnen Individuen. Ist es nicht bemerkenswert, daß die Menschen, die die Erde für tote Materie halten und auch so behandeln, Angst davor haben, daß sie zerstört werde, daß aber diejenigen, für die der Planet lebendig, ein lebendes, bewußtes Wesen ist, sicher sind, daß er niemals von Menschenhand zerstört werden kann, daß er sich reinigen und heilen kann, schlimmstenfalls auf Kosten der Menschen, die ihm geschadet haben?**

Wenn also jemand ein redlicher Mensch mit einem sozialen Verständnis und gleichzeitig davon überzeugt ist, er nehme sich ein zu großes Stück vom Kuchen, der längst nicht mehr für alle reiche, befindet er sich in einem Dilemma. Das führt dazu, daß sein KU ihn mit allerhand Tricks daran hindert, mehr Raum einzunehmen, geschäftlich erfolgreich zu sein und sich daran auch uneingeschränkt zu freuen. Folgerichtig muß ein solcher Mensch alle diejenigen, die sich von der allgegenwärtigen „Ungerechtigkeit" nicht beeindrucken lassen und sich ausbreiten, für gierig, unmoralisch und gefährlich halten. Und manchmal stimmt das ja auch. Doch die Schlußfolgerung, daß daher alle Leute, die ihre Ideen nicht verwirklichen können, die sich aufs Feststellen von Ungereimtheiten beschränken und nichts bewegen, von besserem Charakter und höherem Wert seien, ist sicher nicht zulässig.

Unsere Glaubenssätze, unser Denken, unsere Wertvorstellungen machen den eigentlichen Unterschied zwischen einem konstruktiven, liebevollen Weg und einem rücksichtslosen Vorgehen aus. Wenn Sie Liebe und Respekt zu Ihren Prämissen erheben und alle Unternehmungen danach ausrichten, können Sie nicht mehr viel falsch machen. Und falls Sie sich auch noch für ein spirituelles Weltbild, wie zum Beispiel HUNA entscheiden, relativiert sich vieles in Ihrem Berufsalltag von selbst.

Wenn Sie sich eine starke Motivation für ein Projekt zurechtlegen wollen, dann suchen Sie sich eine, die „über Ihre Nasenspitze" hinausreicht, eine, die sich nicht nur auf Ihren persönlichen Vorteil bezieht, sondern auch anderen zugute kommt. José Silva, der Begründer der Silva Mind Control Method, hat das einmal so formuliert: „Wenn du das Richtige tust, bekommst du Unterstützung von der anderen Seite. Wie auch immer du dir diese andere Seite vorstellst. – Und was heißt 'das Richtige tun'? Lebensbedingungen auf diesem Planeten verbessern. Für wieviele, für wen und auf welche Weise auch immer. Ob für eine bestimmte Tierart, für den Regenwald oder für eine bestimmte Menschengruppe, macht keinen Unterschied." Damit hat er auch präzise ausgedrückt, wie man sich nicht nur zusätzliche Hilfe organisiert, sondern auch wie man sich eine Motivation verschafft, die das moralische Hindernis einer „egozentrischen" Intention umgeht.

Sobald Sie ernsthaft und ehrlich darüber nachdenken, inwiefern Ihr Vorhaben auch anderen dienen, inwiefern es anderen das Leben erleichtern und Freude bereiten kann, werden Sie nicht nur einen bemerkenswerten Energieschub und einen Zuwachs an Kreativität erfahren, es werden Ihnen auch viele glückliche „Zufälle" weiterhelfen. Sie verbinden sich auf diese Weise mit kosmischen Energien und stellen sich in den Dienst einer höheren Macht. Der angenehme Nebeneffekt ist, daß Sie damit auch persönlich erfolgreich sein werden!

In den USA gibt es eine Tradition des Engagements für die Allgemeinheit, vier von fünf Unternehmen betreiben sogannte Volunteer-Programme, mit denen sie den freiwilligen Einsatz ihrer Mitarbeiter für das Gemeinwesen fördern. Aber auch in Deutschland machen immer mehr Firmen (Ford, Nike, Timberland, Henkel, Siemens und andere) gute Erfahrungen damit, ihren Angestellten ein paar bezahlte Arbeitsstunden pro Woche dafür zur Verfügung zu stellen. Ihre Mitarbeiter gewinnen durch die Begegnung mit Personen, die unter konträren Bedingungen leben, behindert, heimatlos oder ausgegrenzt sind, an sozialer Kompetenz und Verantwortungsgefühl, fehlen weniger, sind besser motiviert und stolz auf ihren Arbeitgeber. Das wirkt sich durchaus auch in der alltäglichen Wirklichkeit des Geschäftslebens vorteilhaft aus.

Es geschieht genau das, was KAHUNAS seit Jahrtausenden lehren: Großzügigkeit, Respekt, Anteilnahme und freundliches Entgegenkommen, alles Aspekte der Liebe, bringen auch auf der materiellen Ebene Erfolg und Gewinn. Jeder liebevolle Gedanke, jedes konstruktive Tun wirkt sich unmittelbar und mittelbar auf Sie selbst aus. So erschaffen Sie sich ein sinnerfülltes, harmonisches und freudvolles Leben, arbeiten mit Menschen zusammen, die Sie schätzen und von denen Sie auch ihrerseits geschätzt werden, und erreichen, was Sie sich vorgenommen haben, mit Leichtigkeit.

AMAMA! PAU!
So sei es! Erledigt!

Die Liebe ist die stärkste Kraft, die größte Macht im Universum. Warum sollten Sie sich mit einer geringeren zufriedengeben? In diesem Sinne:

ALOHA NUI!
Viel Liebe Ihnen allen!

Bücher,
die ich schätze

LAWE I KA MA ʻALEA A KŪ ʻONO ʻONO
Nimm Weisheit an und vertiefe sie!

DER STADTSCHAMANE von Serge Kahili King
ist eine ungeheuer dichte Einführung in die Weisheit der hawaiianischen
Kahunas. Sehr praktisch und direkt anwendbares Wissen, aufbereitet für den
Alltag aufgeschlossener westlicher Stadtbewohner. Serge Kahili King ist in
den USA aufgewachsen, wurde aber als Jugendlicher von einer Kahuna-
Familie adoptiert und ausgebildet. Er hat sich entschlossen, als Brücke zwi-
schen den Kulturen zu fungieren. Auch alle anderen Bücher von Serge Kahili
King sind sehr empfehlenswert, leicht lesbar, vergnüglich und authentisch.

DIE HUNA-LEHRE von Kala Kos und John Selby
ist zwar ein bißchen trocken formuliert, enthält aber viele wissenswerte
Details, wenn Sie mehr über HUNA erfahren wollen.

MIT DER SILVA-MIND METHODE ZU MEHR ENTSPANNUNG,
GESUNDHEIT UND LEBENSGLÜCK von Maria Sorel
Das einzige deutschsprachige Silva Mind-Buch, das wirklich autorisiert
ist. Alle anderen sind von Unkundigen aus dem Amerikanischen übersetzt
und enthalten Fehler. Obwohl der Titel umständlich klingt, ist Maria Sorel
eine glänzende Erzählerin und Trainerin, die ihr Publikum nie langweilt.

MAGIER DER VIER WINDE von Douglas Sharon
Der amerikanische Ethnologe beschreibt den peruanischen Schamanen
Don Eduardo Calderon Palomino und seine rituelle Arbeit.

GESUNDHEIT FÜR KÖRPER UND SEELE von Louise Hay
Diese Autorin hat durch die Bewältigung ihres eigenen schlimmen
Schicksals zu einem tiefen, zärtlichen Wissen über menschliche Struk-
turen gefunden. Dieses Buch enthält die meiner Meinung nach beste
Tabelle, die körperliche Symptome in Beziehung zu Gedankenmustern
und passenden Affirmationen setzt.

DAS SCHÖPFERISCHE UNIVERSUM von Rupert Sheldrake
In diesem Buch erläutert Sheldrake die Theorie von den morphogeneti-
schen Feldern, mit der sich eine ganze Reihe von bisher naturwissenschaftlich nicht faßbaren Phänomenen erklären lassen und durch die er
zu Recht weltberühmt geworden ist. Er unterscheidet dabei auch nicht
mehr zwischen belebter und unbelebter Natur, was der schamanischen
Auffassung sehr entgegenkommt.

GOTT, DER MENSCH UND DIE WISSENSCHAFT
von Dürr, Meyer-Abich, Mutschler, Pannenberg und Wuketits
Ein Physiker, ein Biologe, ein Philosoph und zwei Theologen, allesamt
große Denker, erörtern die wichtigen Fragen der Menschheit: Wie ent-
stand der Kosmos? Was ist der Mensch? Gibt es einen Gott?

AUF DEM WEG ZUR WELTFORMEL
Süperstrings, Chaos, Komplexität von Paul Davies und John Gribbin
enthält die Schilderung der Veränderungen, die die Physik im 20.Jahr-

hundert revolutioniert haben. Das ist spannend und gut verständlich geschrieben, aber viel Stoff zum Nachdenken. Unser Schulwissen wird dabei weitgehend ad absurdum geführt.

DAS TIBETISCHE BUCH VOM LEBEN UND VOM STERBEN
von Sogyal Rinpoche
ist eine für westlich gebildete Menschen verständliche Bearbeitung des Bardo Tödol, des tibetischen Totenbuchs, verfaßt von einem hohen Eingeweihten des Lamaismus. „Rinpoche" heißt Edelstein und ist ein Ehrentitel.

TRAUMFÄNGER von Marlo Morgan
erzählt die Geschichte einer amerikanischen Ärztin, die von einem Stamm der Aborigines zu einem Walkabout, einer wochenlangen Wanderung durch die australische Wüste, eingeladen wird und in dieser Zeit viel über deren Lebensform und Weltbild und ihre eigene innere Wahrheit erfährt. Wunderschön und berührend.

DIE TANZENDEN WU LI-MEISTER von Gary Zukav
ist eine Erläuterung der Gesetze der Quantenmechanik aus der Sicht eines Laien und ihre Gegenüberstellung mit östlichem Gedankengut. Sehr gut verständlich, aber nicht in allen spezifischen Details auf dem letzten Stand der Forschung, weil schon 1979 geschrieben. Trotzdem ein wichtiges Buch.

DAS SENKRECHTE WELTBILD von N. Klein und Rüdiger Dahlke
enthält eine Vielzahl von Tabellen zu Analogien in allen Lebensbereichen. Auch alle anderen Bücher von Rüdiger Dahlke sind nützlich und empfehlenswert, er ist ein Arzt mit einem ganzheitlichen Zugang zum Menschen und seinen Problemen.

SYNCHRONIZITÄT von David Peal
behandelt die seltsamen „Zufälle" und Gleichzeitigkeiten in unserem
Erleben.

CHRONOBIOLOGIE – DIE INNERE UHR IHRES KÖRPERS
von Susan Perry und Jim Dawson
ist ein ziemlich umfassendes Buch über die Rhythmen des Lebens und
die Zusammenhänge zwischen dem Außen und dem Innen. Besonders
großer Raum ist Ratschlägen zum bewußten Umgang mit der richtigen
Zeit, zum Ausgleich von Symptomen und Störungen in Leib und Seele
eingeräumt.

DER ERLEUCHTUNG IST ES EGAL, WIE DU SIE ERLANGST
von Thaddeus Golas (vergriffen)
ist im Gegensatz zum ausführlichen Titel ein schmales Bändchen, das in
leicht verständlicher Form alles Wissenswerte zum Thema zusammen-
faßt: Liebe so viel du kannst von da aus, wo auch immer du sein magst!
Liebe über alle Vernunft hinaus – das ist deine einzige Sicherheit.

ANLEITUNG ZUM UNGLÜCKLICHSEIN von Paul Watzlawick,
sowie auch alle anderen Bücher von ihm, sind eine wunderbare und
unterhaltsame Hilfe, sich selbst und seinen verqueren inneren Strukturen auf die Schliche zu kommen.

DIE ZWÖLF WAHRHEITEN DES NAINOA von Hank Wesselman
Ein amerikanischer Wissenschaftler bekommt in besonderen Lebenssituationen geistigen Kontakt zu einem Nachfahren der heutigen Hawaiianer, der 5000 Jahre nach unserer Zeit, als der Meeresspiegel 100

Meter gestiegen und das Wasser unserer fragile hochtechnisierte Zivilisation ausgelöscht hat, zu einer Erkundung des amerikanischen Kontinents aufgebrochen ist. Beim Lesen dieses Buches habe ich begriffen, wie sensibel und gefährdet unsere städtischen Strukturen sind, wie abhängig wir uns von elektrischem Strom und Erdöl gemacht haben. Die Qualität von Wesselman besteht aber gerade darin, daß er keine grausige Endzeit-Vision ausmalt, sondern das abenteuerliche Leben auf einem geheilten Planeten beschreibt. Nett sind die kleinen Nebensächlichkeiten, wie die aufgefundenen Artefakte der Ureinwohner, kleine Metallscheiben, die „Moni" geheißen haben sollen.

* * *

Lesen Sie Märchen, Mythen und Sagen! Sie werden allerhand spannende Parallelen entdecken und sich ein Repertoire an Geschichten aneignen, das sich wunderbar in der magisch-schamanischen Arbeit verwenden läßt. KAHUNAS und andere Schamanen klären sehr oft Situationen, indem sie eine Geschichte erzählen.

Eva Ulmer-Janes, Architektin und Kostümbildnerin, arbeitet seit 1982 mit Schamanen aus verschiedenen Kulturen in Peru, Brasilien, Tibet, Guatemala und Hawai'i. Sie ist davon fasziniert, deren Wissen auch unter den Gegebenheiten einer europäischen Großstadt sinnvoll anzuwenden.

Wenn Sie sich für Seminare mit Eva Ulmer-Janes interessieren, entnehmen Sie bitte genauere Informationen dazu ihrer Homepage www.huna.at oder wenden Sie sich direkt an den Ibera Verlag, A-1010 Wien, Schubertring 8/2. (www.ibera.at)

Bücher von Eva Ulmer-Janes

Magie ist keine Hexerei
Vom bewußten Umgang mit Energie

240 Seiten, Geb.,
DM 34,-/öS 248,-/sFr 34,-
ISBN 3-900436-50-9

Yo soy, yo hago! (Ich bin, ich handle!), sagte Don Eduardo Calderon Palomino, der peruanische Schamane, und beschrieb damit genau, worum es im magischen Weltbild geht: Seinen eigenen Platz und seine Aufgabe im Universum wahrzunehmen und die eigenen Visionen verantwortungs- und liebevoll umzusetzen.

Sie müssen an nichts Befremdliches „glauben" und keinerlei Vorbildung haben, um Erfahrungen in der nichtalltäglichen Wirklichkeit zu machen. Wenn Sie bereit sind, offen und ohne Vorurteile einige mentale Techniken auszuprobieren, sammeln Sie Ihre eigenen Erfahrungen und „wissen" dann. Und nur das zählt!

Die Magie kehrt zurück
Vom bewußten Gestalten der Realität

240 Seiten, Geb.,
DM 34,-/öS 248,-/sFr 34,-
ISBN 3-900436-72-X

Für diejenigen, die die Lust an diesem Wissen und seiner Umsetzung schon kennengelernt haben, geht die Autorin nun einen Schritt weiter. Im zweiten Band erfahren wir mehr über die philosophischen Konzepte, die hinter einem schamanischen Weltbild stehen. Dadurch wird die Anwendung magischer Techniken und die kreative Gestaltung eigener, wirksamer Rituale für alle Lebenslagen noch leichter und spannender.

Informationen und Programm: www.ibera.at

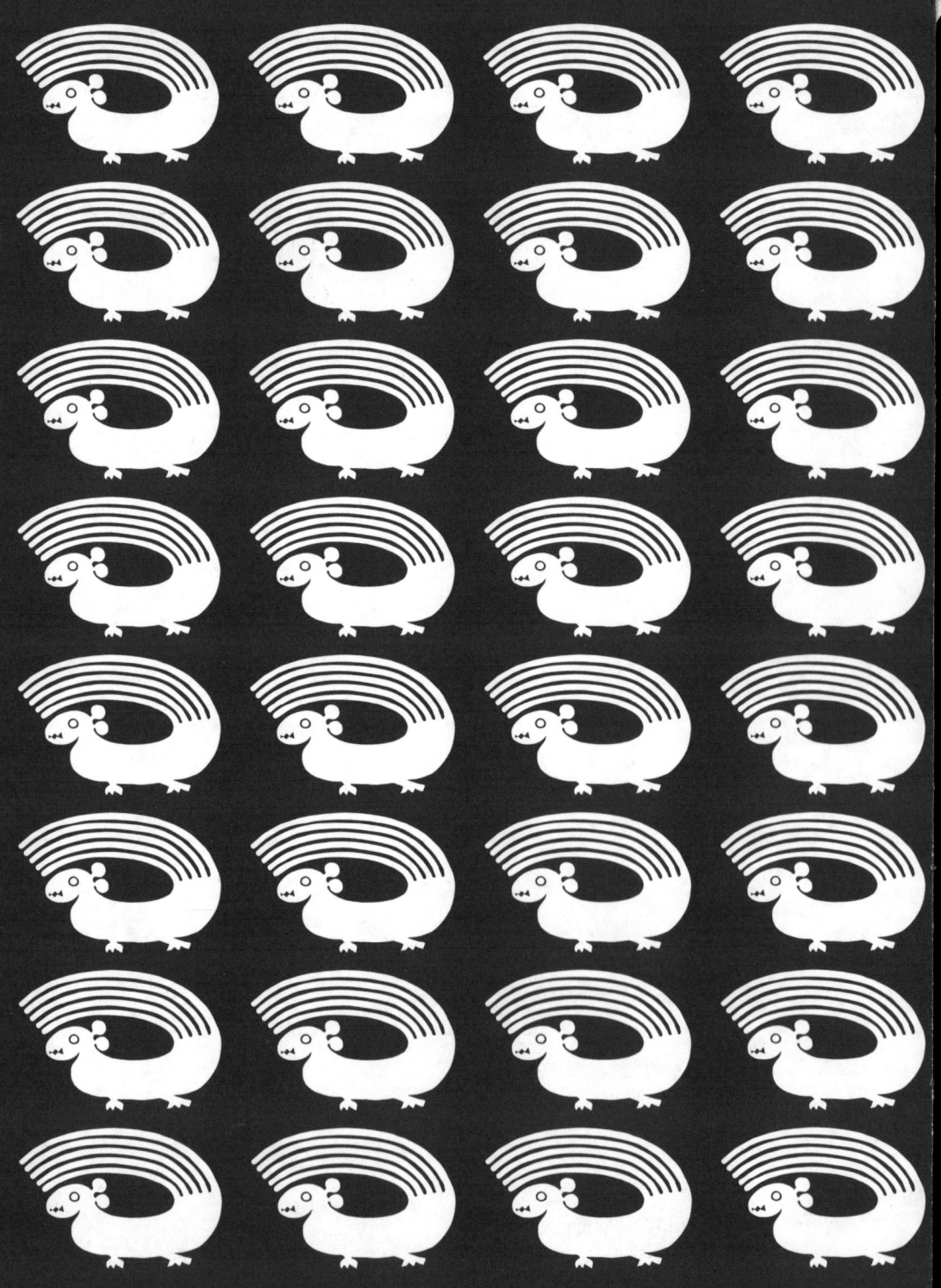